先学后教课堂教学模式典型教学课例研究

汪昌华 ◎ 主编

北京师范大学出版集团
安徽大学出版社

图书在版编目(CIP)数据

先学后教课堂教学模式典型教学课例研究/汪昌华主编.—合肥:安徽大学出版社,2016.8
ISBN 978-7-5664-1142-6

Ⅰ.①先… Ⅱ.①汪… Ⅲ.①课堂教学－高等师范院校－教材 Ⅳ.①G424.21

中国版本图书馆CIP数据核字(2016)第144010号

先学后教课堂教学模式典型教学课例研究　汪昌华　主编

出版发行:	北京师范大学出版集团 安徽大学出版社 (安徽省合肥市肥西路3号 邮编230039) www.bnupg.com.cn www.ahupress.com.cn
印　　刷:	安徽昶颉包装印务有限责任公司
经　　销:	全国新华书店
开　　本:	170mm×240mm
印　　张:	11
字　　数:	209千字
版　　次:	2016年8月第1版
印　　次:	2016年8月第1次印刷
定　　价:	23.00元

ISBN 978-7-5664-1142-6

策划编辑:姜　萍　　　　　　　装帧设计:李　军
责任编辑:姜　萍　　　　　　　美术编辑:李　军
责任印制:陈　如

版权所有　侵权必究

反盗版、侵权举报电话:0551-65106311
外埠邮购电话:0551-65107716
本书如有印装质量问题,请与印制管理部联系调换。
印制管理部电话:0551-65106311

编委会

安徽省高校人文社科重点研究基地
合肥师范学院教师教育研究中心　　组编

- 顾　　问：朱旭东　杨世国
- 主　　任：吴昕春
- 副 主 任：宋冬生
- 主　　编：汪昌华
- 副 主 编：胡　昂　孙晓青
- 编 委 会：（按音序排列）

操申斌　郭要红　李友银
卢翠霞　刘晶辉　钱立青
唐　洁　吴秋芬　杨思锋
张　峰　赵　杰

※安徽省高校人文社科重点研究基地 2014 年重点招标课题"基于教师教育课程标准的实践性课程资源库建设研究"成果

※安徽省高等教育 2013 年、2014 年振兴计划重大教学改革研究项目"（教师专业标准）框架下的教师教育研究"(2013zdjy131)、"师范院校与中小学'无缝对接'教师教育模式建构与实践"(2014zdjy099)研究成果

※安徽省高校人文社科重点研究基地合肥师范学院教师教育研究中心 2014 年规划项目研究成果

※本书得到安徽省基础教育改革与发展协同创新中心项目资助

※安徽省高校省级人文社科重点研究基地项目"先学后教课堂教学模式典型教学课例研究"(2014jsjy06)、"教师教育优秀课堂教学案例积累与推广研究"(2015jsjy06)、"先学后教课堂教学模式资源库建设研究"成果

总　序

2012年,为落实教育规划纲要,构建教师专业标准体系,建设高素质专业化教师队伍,教育部研究制定了《幼儿园教师专业标准(试行)》《小学教师专业标准(试行)》《中学教师专业标准(试行)》(以下简称《专业标准》)和《教师教育课程标准》。

2014年教师节前夕,习近平总书记在同北京师范大学师生座谈时指出,百年大计,教育为本;教育大计,教师为本。努力培养造就一大批一流教师,不断提高教师队伍整体素质,是当前和今后一段时间我国教育事业发展的紧迫任务。一流教师是有理想信念、道德情操、扎实学识、仁爱之心的教师。为了培养造就一流教师,我们要建设高质量、公平、开放、灵活、一体化和专业化的教师教育体系,加大对师范院校的支持力度,找准教师资格制度、教师教育课程、师范生实践能力培养等教师教育改革突破口和着力点,不断提高教师培养培训专业化水平。

面对"以能力培养为导向"的教师教育需求,"教师教育实践性资源库"丛书面世了。它是合肥师范学院教师教育研究中心组编的"教师教育资源库系列丛书"的一部分,是安徽省高等教育2013年、2014年振兴计划重点教研课题,以及省级研究基地重点招标课题、基地规划课题的研究成果,是合肥师范学院教师教育研究中心与校教务处、学科教学论教研室、教师教育学院部分教师通力合作、认真研究的成果,也是合肥师范学院在教师教育研究中第一次出现的多部门、跨学科协同研究,在此感谢一群志同道合的研究者们。值得欣慰的是,此套丛书的问世或许能够更好地突出合肥师范学院师范教育悠久的历史和优势,更好地彰显合肥师范学院的办学定位:"师范性、应用型",更好地服务于在我国即将开始的"全面启动实施卓越教师培养计划"(2014年8月,教育部颁布了《关于实施卓越教师培养计划的意见》〔2014〕5号),更好地服务于职前职后基础教育教师的培养培训。

第一批出版的丛书由 11 本既相对独立又相互关联的分册组成。它们是：姜忞的《语文课教学设计经典案例研究》、张新全的《数学课教学设计经典案例研究》、蒋道华的《英语课教学设计经典案例研究》、王从戎的《物理课教学设计经典案例研究》、姚如富的《化学课教学设计经典案例研究》、傅文茹的《思想品德课教学设计经典案例研究》、梁占歌的《体育与健康课教学设计经典案例研究》、马晴的《美术课教学设计经典案例研究》、汪昌华的《先学后教课堂教学模式典型教学课例研究》、李继秀的《中小学回溯——以成长的故事感悟教师》、翟莉的《优秀教师成长案例及教育故事研究》。有的分册实行双主编制，一部分来自高师院校长期从事学科教学论研究和教育理论研究的教师，另一部分来自基础教育一线的教研员或优秀教师。丛书的立足点是基于教师专业标准、教师教育课程标准、符合基础教育课程改革特质，旨在实现理论与实践的结合、高师院校与基础教育学校的结合，使我们正在培养的未来教师能够最直接、最具体、最真实地感受基础教育学校经常发生的事，感受教师这个职业所需要的专业理念与师德——职业理解与认识、对待学生的态度与行为、教育教学的态度与行为、个人修养与行为，所需要的专业知识——学生发展知识、学科知识、教育教学知识、通识性知识、教育教学设计知识，以及所需要的专业能力——教学组织与实施能力、激励与评价能力、沟通与整合能力、反思与发展能力，也希望未来的教师们形成理论联系实际的思维和习惯，在离开母校后既能规范、熟练地掌握教育教学技能，又能保持理论的兴趣，穿行于理论与实践之中，形成难能可贵的教师思维，获得持续的专业成长力。

《语文课教学设计经典案例研究》《数学课教学设计经典案例研究》《英语课教学设计经典案例研究》《思想品德课教学设计经典案例研究》《体育与健康课教学设计经典案例研究》《美术课教学设计经典案例研究》《化学课教学设计经典案例研究》《物理课教学设计经典案例研究》每本书 20 万字左右，分两部分。第一部分是理论分析。阐释现代学习理论、教学理论指导下的各学科教学设计所必须掌握的中小学课程改革理念、课程标准、教师专业标准、教学设计的要求，为学科教学设计铺垫学理基础。第二部分是经典教学设计案例及点评。每学科选取 20 个省内外名师和近年来获得省(市)级以上教学大赛一等奖的教学设计经典案例进行分析研究，案例以初中为主，兼顾小学。各学科教学设计在内容上兼顾不同题材的教学案例，如：语文教学是以阅读教学为主，兼顾拼音教学、识字写字教学、写作教学、口语交际教学等。选择的案例以人教版和苏教版为主，案例点评力图以简约的形式对该教学设计的内容、格式、特色等进行梳理，为读者学习、模仿指明路径。之后我们将继续推出生物、历史、地理、音乐学科的教学设计经典案例研究,以覆盖中小学各学科,使之成为师范类各专业学生教学设计技能培养时的指定教材、必读案例。

《先学后教课堂教学模式典型教学课例研究》一书是对中小学课堂教学经典案例进行汇集与评析,是一本关于师范院校教学论与学科教学法课程的辅助教材。在对教学模式基本理论研究的基础上,在理论研究的导引下,对先学后教(或以学定教)教学模式进行学科化的实践探索。建立以主干学科语文、数学、英语、政治学科为主要内容领域的先学后教教学模式典型课例(教案),也是目前全省很多学校推行的学案。通过对主干学科课堂教学模式典型课例的研究,推进教学改革,建立"减负增效,高效课堂",实施素质教育,提高教师对基础教育课程改革的适应性。

《中小学回溯——以成长的故事感悟教师》由142篇短文构成,约20万字。短文是从合肥师范学院教师教育学院、中文、英语、数学、物理、化学、生物、体育、美术、音乐等教师教育专业学生作品中精心挑选出来的。文中学生用自己的成长经历,结合所学教育理论,讲述着自己的故事,感悟着教师职业,他们深深体会到"将来我会像我老师那样……""将来我不能像我老师那样……""教师的一句话、一个点头、一个微笑……终生难忘……改变我的一生……"其文字朴实,字里行间流露出学生的真情实感。每篇学生的作品都配有教育学、心理学专家的精彩点评。

《优秀教师成长案例及教育故事研究》精选了教师教书育人和自我专业发展过程中具有真实性、典型性和启发性的故事和案例。其中有我校杰出校友故事和案例4例。教育案例是架起教育理论和教育实践之间的桥梁,能够让师范生在真实生动的教育实践中领悟抽象的教育理论,感悟教育情境、培养教育信念、习得教育智慧,学会像专家型教师那样思考教育问题、规划教师的自我成长。

书稿也是建立在对教师培养规律研究基础上的。如果把教师发展阶段分为"培养、任用、培训"三个阶段,那么高师学生属于"培养"阶段,这个阶段关于未来教师角色的印象是模糊的。庞大、复杂的教育理论对于师范生来说是抽象的,没有同化吸收的"根基",难以建立起有效的知识体系,更谈不上应用。到了实习阶段,他们开始关注自己的能力,诸如怎样当教师?怎样做班主任?如何走向讲台?教什么?怎么教?甚至直接关注起自己未来的职业竞争力、就业应聘能力等问题。此时的师范生进入快速"专业成长期",整个学习生活发生了重大变化:从只关心专业学科知识到关注中小学教材;从关心教材内容到熟悉课标,把握教材重点、难点;从关注学的方法到关注教的方法;从自己懂到让学生懂;从知识技能到过程方法、情感态度价值观;从理论到经验、生活、动手实践;从知识本位到学生本位；从结果到过程；从只关注如何在有限的时间内把知识讲完、是否能控制课堂、是否能被学生接受、受学生欢迎、自己课堂上的表现到关注把内容讲深、讲透、讲活，关注教学情景的创设、教学活动的设计，关注学生的参与互动等。虽然这些要求、环节要在"培养、任用、培训"几个阶段有重点地逐步实现，但是对于高师学生来说，这个过程来得很快，脚步急促。因为只要走上讲台，只要扮演起教师的角色，就要像个教师的样子，就希望自己成功、有效、优秀。

"教师教育实践性资源库"丛书将有效帮助高师学生使"模糊"的教师形象逐渐清晰起来；寻找到教育理论学习的"根基"，建立起理论联系实践的桥梁；在模仿与感悟中快速入轨，形成教师必备的专业信念与理想、知识与能力，形成职业竞争力和就业应聘能力。

本系列丛书适合我国基础教育改革对教师培养、培训的要求，适应中小学教师专业标准下高等师范院校教师教育课程改革的需要。

本系列丛书在写作过程中参考、引用了国内外有关研究成果和文献资料，在此对这些著作权人和作者表示敬意和感谢。

本系列丛书得到省教育科学研究院学科教研员的审阅，在此表示感谢。

由于我们水平的限制，本书的不足和问题一定存在，敬请各位同仁和读者提出宝贵意见和建议。

2016 年 4 月

目 录

序 …………………………………………………………… 1

第一章　先学后教课堂教学模式的基本理论 ………… 1
 一、先学后教课堂教学模式的兴起与发展 ………… 1
 二、先学后教课堂教学模式的内涵 ………………… 2
 三、先学后教课堂教学模式的核心理念 …………… 6
 四、先学后教课堂教学模式的价值 ………………… 8

第二章　语文先学后教课堂教学模式研究 …………… 10
 引言　新课标下语文先学后教课堂教学模式的基本理
   念与要求 …………………………………… 10
 一、语文先学后教课堂教学模式的基本理念与要求 …
   ……………………………………………… 10
 二、基础知识教学领域先学后教课堂教学模式的基本
  理念与要求 …………………………………… 12
 三、阅读教学领域先学后教课堂教学模式的基本理念
  与要求 ………………………………………… 12
 四、写作教学领域先学后教课堂教学模式的基本理念
  与要求 ………………………………………… 13
  教学课例1　识字6 ……………………………… 14
  教学课例2　元日 ………………………………… 19
  教学课例3　夹竹桃 ……………………………… 23
  教学课例4　草原 ………………………………… 29
  教学课例5　夕阳真美 …………………………… 33

第三章　数学先学后教课堂教学模式研究 …………… 38
 引言　新课标下数学先学后教课堂教学模式的基本理
   念与要求 …………………………………… 38

一、数学概念领域典型教学课例研究 ………………………………… 38
二、数学命题领域典型教学课例研究 ………………………………… 39
三、数学问题解决领域典型教学课例研究 …………………………… 40
  教学课例1 代数式 ………………………………………………… 40
  教学课例2 一次函数图像的应用(1) ………………………… 44
  教学课例3 探索规律 …………………………………………… 48
  教学课例4 射线、直线和角的认识 ………………………… 52

第四章 英语先学后教课堂教学模式研究 ……………………… 55

 引言 新课标下英语先学后教课堂教学模式的基本理念与要求 …
  ……………………………………………………………………… 55
  教学课例1 LOOKING AROUND ……………………… 56
  教学课例2 What's the matter? (1a—2c) ……………… 66
  教学课例3 Why don't you get her a scarf? …………… 70
  教学课例4 How do you get to school? ………………… 73
  教学课例5 Teenagers should be allowed to choose their own clothes? ………………………………………… 91
  教学课例6 I used to be afraid of the dark …………… 94
  教学课例7 My name is Gina ……………………………… 97
  教学课例8 HELPING AT HOME ……………………… 100

第五章 思想品德先学后教课堂教学模式研究 ……………… 106

 引言 新课标下思想品德学科先学后教课堂教学模式的基本理念与要求 ……………………………………………………………… 106
 一、思想品德新授课先学后教课堂教学模式典型课例研究 …… 107
  教学课例1 建设社会主义精神文明 ……………………… 108
  教学课例2 民族精神耀中华 ………………………………… 114
  教学课例3 生活需要宽容友善 …………………………… 123
  教学课例4 让生命焕发光彩 ……………………………… 128
 二、思想品德复习课先学后教课堂教学模式典型课例研究 …… 135
  教学课例1 维护受教育权利 履行受教育义务 ………… 136
  教学课例2 初级阶段的基本国情和基本路线 …………… 141

三、思想品德活动课先学后教课堂教学模式典型课例研究 …… 145
    教学课例1 学会承担责任,做负责的小公民 ………… 146
    教学课例2 模拟法庭 了解法庭程序 ……………… 150
    教学课例3 宪法是国家的根本法 ……………………… 153

参考文献 ……………………………………………………… 158

序

　　近年来,"先学后教"这一中国本土草根式的教学模式,经江苏洋思中学、东庐中学以及山东杜郎口中学等一线"实验基地"的大规模实践,如今已成为一种有效的教学模式,为教学论学界所关注,在教学实践中被迅速广泛传播并争相效仿。本书在对先学后教教学模式的兴起、内涵、理念和价值等基本理论研究的导引下,进行先学后教教学模式学科化实践,探索主干学科语文、数学、英语、思想政治等主要内容领域的先学后教教学模式典型课例(教案)。通过对主干学科教学模式典型课例的研究,推进教学改革和素质教育,提高教师适应新课程改革的能力。该书是服务于合肥师范学院"走应用路,创师范牌"的办学特色和培育方向,以培育基础教育新型师资为目标,紧密结合中小学课堂教学改革等方面取得的成果,立足于合肥师范学院,服务于面向基础教育,符合安徽省基础教育新型师资培养的需要,彰显学校办学特色的教师教育类课程教材。该书具有较强的实用性、针对性、前沿性。

　　参与本书编写的人员有(按章节为序):汪昌华(第一章),张道升(第二章),栾庆芳(第三章),周颖(第四章),傅文茹(第五章),汤杏枝、梅喆负责相关案例的收集。由汪昌华提出本书的整体框架,并负责全书的统稿工作。张道升、栾庆芳、周颖、傅文茹参加了本书框架的设计工作。本书是安徽省高校省级人文社科重点研究基地项目"先学后教课堂教学模式典型教学课例研究"(2014jsjy06)、"教师教育优秀课堂教学案例积累与推广研究"(2015jsjy06)、"先学后教课堂教学模式资源库建设研究"的成果之一。

该书是对先学后教课堂教学模式进行研究的成果,以及对主干学科典型教学课例进行整理的结果。该书在撰写过程中参考并引用了许多作者的文献,在此表示衷心的感谢和十分的敬意!由于编者对于先学后教课堂教学模式的研究尚处于初级阶段,水平有限,本书的不足和问题一定存在,敬请读者批评指正。

汪昌华

2015 年 10 月

第一章 先学后教课堂教学模式的基本理论

近年来,"先学后教"这一中国本土草根式的教学模式,经江苏洋思中学、东庐中学以及山东杜郎口中学等一线"实验基地"的大规模实践,如今已成为一种有效的教学模式,并为教学论学界所关注,在教学实践中得到迅速广泛传播,各校也争相效仿。本章对先学后教课堂教学模式的兴起、内涵、理念和价值等基本理论进行研究,在理论研究的导引下,进行先学后教课堂教学模式学科化实践,探索主干学科语文、数学、英语、思想政治等主要内容领域的先学后教课堂教学模式典型课例(教案)。通过对主干学科教学模式典型课例的研究,推进教学改革和素质教育,提高教师适应新课程改革的能力。

一、先学后教课堂教学模式的兴起与发展

教学理论指导教学实践建构与之相适应的教学模式是教育研究的科学方向之一。20世纪80年代,教学模式研究以对国外教学模式的引进介绍为主,以1984年钟启泉在《外国教育资料》上发表关于国外教学模式引介的系列论文为代表,开启了我国教学模式研究。20世纪90年代,在对国外教学模式进一步比较研究的基础上,学者在诸多学科领域较为全面深入地研究教学模式的概念与结构、分类与功能、历史演进、分类、选择与应用等诸方面理论问题,构建教学模式研究的理论体系。在持续引进和理论研究的基础上,学者们开始结合我国中小学教学实践,深入学科课堂教学,从而开启了中小学教学模式构建中国化实践探索的浪潮。较有代表性的有刘学浩的"学导式教学法"、邱学华的"尝试教学法"、魏书生的"六步教学法"、黎世法的"六课型教学法"等。

21世纪,伴随着基础教育课程改革的实施,对教学模式的研究也进入全新的发展阶段,多主体多领域多地区进行多方面研究,呈现多元化发展趋势。中小学校对教学模式中国化草根式实践的探索如火如荼,遍及全国,以洋思中学、杜郎口中学、东庐中学等为代表。这些教学模式改革有一些共同特征:以认知心理、人本主义和建构主义等学习理论为理论基础,在教学程序上包括预习自学尝试—交流展示指导—训练反馈等基本环节,呈现由以"教"为主向重"学"为主和"以学促教""先学后教"转变的趋势,处理了减负与增效、学生学与教师教之间的关系,实现了"面向全体""关注全程"的素质教育目标。

先学后教课堂教学模式，这一中国本土草根式的教学模式，在20世纪70年代末邱学华倡导的"尝试教学法"中已经提出。"尝试教学法"的特点表现为"先学后教"与"先练后讲"，即教师不先教，而让学生先去尝试学习与练习，在此基础上教师再进行讲授。但"先学后教"作为一个在教学论语境中引起强烈反响的"话语"，并于教学实践中呈现广泛传播、各校争相效仿的态势，则主要集中于近十年。"先学后教"的基本意蕴在于通过改变教学中的师生关系，使学生成为教学的主体，教师转变为指导者和辅助者，教学顺序改变为学生"先学"而教师"后教"，以保证教学在学生自主学习的基础上更具针对性。"先学后教"理念自提出后，在新课程改革的背景下，经江苏洋思中学、东庐中学以及山东杜郎口中学等一线"实验基地"的大规模实践，如今业已成为一种有效的教学模式。① 杜郎口中学、杨思中学、东庐中学等学校基于提高教育质量和学校发展的目标，中国现实升学压力以及重视"双基"教学的传统国情，以校长为主要改革探索者和推进者，进行"先学后教"的教学模式探索，杜郎口中学进行"预习—展示—反馈"教学模式的实践探索，洋思中学采用"先学后讲，当堂训练（实践）"的教学模式。

先学后教的课堂教学模式实践受到中小学教学实践者和教育理论者的关注，全国多所学校领导、多学科教师从学校层面、学科教学层面进行探索，比较有代表性的有：山东昌乐二中的"271"模式、江苏灌南新知学校的"自学·交流"模式、河北围场天卉中学的"大单元教学"模式、辽宁沈阳立人学校的整体教学系统和"124"模式、安徽铜陵铜都双语学校的"五环大课堂"、山西省屯留县第五中学的"目标先导、先学后教、当堂训练、及时矫正"课堂教学模式、江苏建湖高级中学的"四导三疑一创"课堂教学模式、山西省泽州一中推行的"学导螺旋发展大课堂"教学模式等。

二、先学后教课堂教学模式的内涵

（一）核心概念"先学后教"

先学后教课堂教学模式中的核心概念"先学后教"，是在现代教学"知识建构型"视野下针对传统教学"知识传授型"视野中的"先教后学"提出来的新概念。

传统教育赫尔巴特学派的"知识传授型"教学，过分强调教师课堂讲授行为和传授知识的艺术性研究，轻视了学生主体的学习责任、学习方法和学习质量的有效性。久而久之，容易导致教师在课堂教学中变得相对积极主动，而学生则变得被动消极，养成"教师推着学生走"的被动学习习惯，逐步使教师和学生形成一

---

① 屠锦红、李如密：《"先学后教"教学模式：学理分析、价值透视及实践反思》，《课程·教材·教法》，2013年第3期。

个"教学是教师讲学生听或先听教师讲解学生后做练习"的习惯思维。从行为特征上,可以概括为"先教后学"。这种教学经过代代相传,成为一种相对稳定的"先教后学"型教学范式。这种教学范式的优点很多,如大规模授课,如果学习者有浓厚的学习兴趣和迫切需要,那么,单位时间内的学习效率是很高的。但是,忽视了学生发现问题、分析问题、解决问题的兴趣、过程和方法,以及学生的自主学习能力。

杜威的"五步教学法"使人们认识到学生应当是学习的主体,由此开始了以"学"为主的"知识建构型"教学。"知识建构型"教学是基于建构主义知识观、教学观和学习观的教学类型。建构主义理论认为,"学习是一种能动的活动,绝不是教师片面灌输的被动的活动","知识"并不是靠教师传递的,而是由学习者自身主动建构的。要求学生自主学习、主动学习、合作学习和探究性学习。强调学生学习过程是自主建构的过程,教师在适当情境下给予智慧型指导和帮助。在课堂教学中,形成学生自主合作探究,使学生学会发现问题、分析问题和解决问题,学会自主学习,养成自主学习习惯,最终培养学生终身学习的能力。①

(二)先学后教课堂教学模式的内涵

先学后教课堂教学模式是基于建构主义理论,依据新课程理念,结合目前我国课堂教学实际进行总结研究而提出来的,是一种适合我国中小学课堂教学的、具有可操作性的新课程有效教学模式。"先学后教"是符合建构主义教学思想的行动话语,对教师教学行为的转变提出了新的行动要求,期望教师和学生逐步建立起这种教学思维。在行动上要求教师充分相信学生潜能,在教师的智慧引导下让学生进行自主合作探究学习,始终鼓励学生要自主发现问题、分析问题和解决问题,对于那些通过合作仍无法解决的问题,教师要给予规范而科学的指导。这里的"学",有两层含义:一是要求教师事先对文本知识进行结构化学习,对课程和学生作出科学分析和问题预设,深度开发相应的学习工具,选择适当的时机支持学生进行有效学习;二是要求学生课前对文本知识进行结构化预习,对课程内容尽可能作出结构化分析和问题预设,围绕"概念性问题""原理性问题""习题性问题"和"拓展性问题"进行自主合作探究学习。这里的"教",具体有三层含义:"师生互教""生生相教"和"生本联教"。先学后教课堂教学模式体现在课堂教学中就是"以效益为主标、以发展为主旨、以学生为主体、以教师为主导、以训练为主线、以教材为主源"。②

---

① 韩立福:《论"先学后导—问题评价"有效教学模式——兼论一种具有操作性的新课程"FFS"教学模式》,《教育理论与实践》,2009年第4期。

② 洪亮:《自主性发展教学模式的实践探索》,《中国教育学刊》,2011年第3期。

(三)先学后教课堂教学模式的基本要素

教学模式的结构一般包括以下因素:教学思想、教学目标、操作程序、师生角色、教学策略、教学评价。[①] 下面从理论基础、教学目标、操作程序、师生角色、教学评价五个方面对先学后教课堂教学模式进行分析。

1.理论基础

"各个模式都有一个内在的理论基础。换言之,它们的创造者向我们提供了一个说明我们为什么期望它们实现预期目标的原则。"[②]先学后教课堂教学模式的理论基础涉及建构主义、有意义学习、最近发展区、主体性教学等多方面理论。先学后教教学中,学生先学习理解所学内容,教师引导学生如何学习,使学生自己主动构建知识体系,然后遇有疑难,教师再引导释疑解惑。首先,建构主义教学强调学习者自己建构知识的过程,教师只是外部的辅导者、支持者和合作者,为学习者提供建构知识所需要的帮助,以使学习者的理解进一步深入。整个教学过程体现了建构主义所主张的教师是学习辅助者,学生是主动构建知识体系的学习者的思想。其次,有意义学习理论认为,影响学习最重要的因素是学生已知的内容,学习内容对学生具有潜在意义,学生表现出一种有意义学习的心向。有意义学习中先行组织者的教学策略,要求教师在讲授新知识之前,先给学生提供一些包摄性较广的、概括水平较高的学习材料,用学习者能理解的语言和方式表述,以便为学习者提供一个较好的固定点来学习新知识。教师依据学生的认知水平和原有的知识经验设计的学案可以说是与先行组织者不谋而合。运用先行组织者方法的学生学会了怎样学习(对学习的元认知方面)和怎样进行更高水平上的操作。再次,最近发展区理论认为,教学应该完成三项任务:(1)评估;(2)选择学习活动;(3)提供教学支持,以帮助学生成功通过最近发展区。所以,教师运用先学后教课堂教学模式进行课堂教学时,首先应检测学生对某一问题的理解能力。这一过程可以称为动态评估,这是教师应完成的第一项任务。第二项任务是学习活动的选择,其目的在于使学习任务能够适应学生的发展水平,也就是教师引导学生的活动要符合学生的发展水平。第三项任务是提供教学支持,如课堂的提问,告诉学生自己思维的方式等。[③] 最后,从教育教学理论来看,先学后教课堂教学模式蕴含着主体性教学理论,彰显学生学习主体的角色,实现"教是为了不教"。

---

① 李定仁:《教学论研究二十年》,北京:人民教育出版社,2004年,第267页。
② 学森:《现代教学论纲要》,北京:人民教育出版社,2005年,第225页。
③ 裴亚男:《学案教学模式研究综述》,《内蒙古师范大学学报(教育科学版)》,2007年第4期。

2. 教学目标

教学目标是教学模式中的核心因素,决定着模式的操作程序、师生活动及评价的标准等。先学后教模式的课堂教学是以学案为操作材料,导学为手段,达标为目标,培养学生学习能力和提高课堂教学效率为目的的一种教学活动,努力实现教为主导和学为主体、学会与会学、个性发展与全面发展的统一。结合新课程的三维目标,掌握基本的知识与技能,突出学生自学,重在培养学习能力和创新意识,培养良好的学习品质和习惯,实现学生整体素质的提高。教学模式的有效实施最终也会带来教师的专业发展,培养具有教育科研能力的新型教师。

3. 操作程序

各种教学模式都有其操作程序。操作程序具体确定教学中各步骤应完成的任务,师生先做什么、后做什么等。无论是新授课还是复习课可以总结成四个基本阶段:导向阶段、导学阶段、导练阶段、升华阶段。导向阶段即准备阶段,包括编写学案等步骤;导学阶段即认知阶段,包括以案导学、依案自学、组织讨论、精讲点拨、释疑等步骤;导练阶段即巩固阶段,包括达标训练,归纳总结、反馈、加强练习等步骤;升华阶段即提高阶段,包括知识拓展、灵活运用、深化等步骤。①

4. 师生角色

教学是教师教和学生学的统一活动。在这一活动中,教师和学生分别占据一定地位,扮演不同角色,发生相互作用。先学后教教学形成了教师为主导、学生为主体、训练为主线的课堂教学结构;改变了传统的师生授受关系,突出了学生的主体地位,学生成了课堂上真正的主人。在先学后教课堂教学模式中,教师是指导者,所扮演的角色是对学生的学习进行全面指导;学生的角色则是在教师指导下进行自学和自我知识构建。我们同时也认为教学过程是教与学这对矛盾的对立统一,教师的教是外因,学生积极主动的学是内因,外因必须根据内因起作用,在教学过程中,教师只是起着引导和指导作用,学生自我发起的学习才是最有效、持久和深刻的。②

5. 教学评价

教学评价作为教学模式的重要因素,基于先学后教课堂教学模式的理论基础、教学目标、操作程序,确立自身的教学评价标准与方法。先学后教课堂教学模式侧重于"学前"对学生的诊断性评价,为学生自学提供知识和技能的基础;"学中"过程性评价,及时反馈调整;"学后"期末的终结性评价;以及对学生个性和学习差异性进行评价,突出学生的主体地位。

---

① 崔纪伟:《学案教学中如何实施导学》,《中学化学参考》,2001年第8~9期。
② 裴亚男:《学案教学模式研究综述》,《内蒙古师范大学学报(教育科学版)》,2007年第4期。

三、先学后教课堂教学模式的核心理念

先学后教课堂教学模式的核心理念是"学生为本、先学后教、全面发展、合作学习"。

(一)学生为本

先学后教课堂教学模式是以培养学生的自主学习和创新精神为主要目的的一种教学模式,其核心就是"以生为本",以学生的自我教育、自我发展为本,让学生成为自己教育自己的主体。学生是学习的主体,有效的学习必须建立在学习者自身的主观能动性上,这是学习或教学中一个最为根本的问题。理论上,人们对这一问题的研究以及现代心理学、教育学对这一问题的论述可谓汗牛充栋。但在教学实践中,特别是在我国的教学实践中,这一问题却始终没有得到真正有效的解决。学生被看成接受知识的容器而不是具有独立人格的学习者;学习目的仅仅被理解为应对考试,而不是为了学习者主动、全面和富有个性的发展;讲授法和接受学习一统天下。先学后教课堂教学模式则将学生的学习放在教学过程的中心地位,教学要以人为本,让学生成为学习的主人,充分尊重并发挥学生学习的自主性,激发学生的学习和创造热情。以杜郎口中学著名的"预习—展示—反馈"教学模式为例,这一教学模式的全部过程都渗透着激发学生主动学习的理念与精神:"预习"环节以学生自学为基础,让学生自主进行与文本的对话,间或进行围绕教学内容和学习目标的与教师或同学的对话,所有这些对话都是建立在学生的自我需求和主动参与基础之上;在"展示"环节,学生不仅可以对展示者的成果作出评价,而且能以此对照和检测自己的成果,进而在教师的追问和点拨中反思自己的思维和言行;在"反馈"环节,学生可根据自己的反思和教师的总结,对自己的学习情况查"缺"补"漏",让自己的学习不断走向深入。总之,先学后教课堂教学模式尊重学生的自主学习,把学生的自主学习作为教学改革的出发点和落脚点,使学生的学习成为教学组织工作的主线,学生也因而成为真正的学习主体。

(二)先学后教

教与学是教学过程中的矛盾统一体,"教学"概念本身就蕴含着教与学两个方面。杜威曾对教与学的关系作过形象的说明,他认为,教与学的关系就好比"买"与"卖"的关系,两者相依相存,缺一不可。尽管我们可以在理论上对教与学的关系作出较为周全的解释,但在实践中如何对待这一矛盾似乎并没有处理好。长期以来,学校的教学实践总是在印证着根深蒂固的传统理念——教师掌握知识在先,学生跟随教师学习,教师理应将自己的知识传授给学生,正所谓"师者,所以传道、受业、解惑也"。由此,"先教后学"的观念深入人心。应当说,"先教后

学"作为一种教学方式本身并非与"先学后教"截然对立,真正按照奥苏贝尔(D. P. Ausubel)的有意义接受学习理论进行教学,也会取得很好的教学成效。但"先教后学"并不适合所有的知识内容,而且在教学实践中一旦被滥用,教师的教和学生的学极易产生分离,出现"教"与"学"两张皮现象。例如,实践中不少评优课、教学大赛等都主要是针对教师的表现,学生的学已经淡出评价者的视野,或者受"教"的排挤而被边缘化。"先教后学"的不当使用,易使学生学习的自主性和学习潜能遭受抑制,并导致学生产生学习被动、厌学、辍学等一系列问题。"先学后教"教学改革在很大程度上解决了这一问题。以杜郎口中学为例,"预习—展示—反馈"教学模式极大地激发了学生的学习热情,在教学过程中,不仅学生之间相互启发和教育,而且教师在引导、点拨学生学习的同时也受到教育,得到提高。这种"先学后教"教学模式对克服传统课堂中难以解决的"教"与"学"两张皮现象意义重大,为教学过程真正成为"教"和"学"的双向互动过程提供了教学制度方面的保障。

(三)全面发展

与传统课堂仅仅注重知识的学习相比,先学后教课堂教学模式在实现学生全面发展的目标方面是具有一定优势的。"先学后教"教学模式有利于培养学生的自学能力、展示能力、交流能力、合作能力等,更重要的是它在目标维度方面消融了素质教育和掌握"双基"间的对立。我国素质教育在实践中常被曲解为"蹦蹦跳跳""吹拉弹唱""竞赛得奖"一类活动,真正注重学生综合素养和创新精神的素质教育则被束之高阁。而同时,应试教育作为根植于我国传统文化的一种思想和规制是不会因为一次课程改革便退出历史舞台的,况且应试文化也有一些合理内核,比如,它注重对学生基本知识和技能进行考核就是值得汲取的。在当今美国教育改革动用各种资源和策略仍无法有效提高学生学业成绩的背景下,我们尤其应当意识到这一点,珍惜应试教育中的合理内核——注重"双基"教学。显然,以杜郎口中学、洋思中学、东庐中学为代表的先学后教课堂教学模式改革在倡导素质教学方面,没有将素质教育表面化、形式化,而是注重提高学生的综合素质和各种能力;在注重"双基"教学方面,没有让课堂变成各种肤浅和不着边际的活动场所,而是紧扣教学大纲和教材,让学生在教学大纲和教材的框架下主动发展自己的综合素质和提高各种能力,使素质教育和"双基"教学在教学中统一起来。

(四)合作学习

人口众多的国情决定了我国学校大班教学的状况在相当长时期内都是难以改变的。在传统的课堂中,一个教师通常难以顾及每个学生,"一与多"的矛盾是传统课堂教学的大难题,加之教师的讲授和灌输抑制了学生的学习热情和主动性,学生不愿学习成为现代教育的通病之一。杜郎口中学、洋思中学、东庐中学的先学后教课堂教学模式改革都是在大班教学的背景下开展的,但课堂教学却显现出蓬勃的生机,这与三所学校充分利用小组合作学习的教学组织策略有关。正是小组合作学习巧妙地将大班教学的劣势转化成优势。小组合作学习的优势在于:学生在学习中遇到的许多具体问题和困难都能在组内其他同学的帮助下而解决。这些能够帮助其他同学的优秀学生发挥了任课教师所不能发挥的作用,使学生不同的学习需求得到及时和有针对性的满足,一定程度上解决了大班课堂上一个教师无法满足每个学生特殊需要的问题,缓和了教学中"一与多"的矛盾。成绩较差的学生因成绩优秀同学的帮扶而得以提高成绩,成绩优秀的学生因为帮扶成绩较弱的同学而使自己理解知识的水平进一步深化;同时,小组合作学习以及小组间的竞争也容易创造一种学生间你争我抢、不甘落后的课堂气氛,课堂学习的活力由此而生。课堂教学不仅没有因为班级规模较大而失去效力,反而因为参与合作和竞争的学生多而显得生气勃勃。①

四、先学后教课堂教学模式的价值

(一)创生中国本土教学模式

我国本土教学模式的创生有赖于对教学模式草根式实践进行更细致、全面、深入的挖掘和提炼。教育的真正"秘密"也许就隐藏在民间教学方式变革的日常教育实践之中。② 先学后教课堂教学模式是土生土长的,它来源于中国本土鲜活的教学实践。先学后教课堂教学模式之所以能在中国大地上繁衍盛行,正是因为它就是源自"中国土地",而那些域外的教学理论之所以难以"本土化",其原因正是由于它并非来自中国本土的实践。先学后教课堂教学模式对我国教学理论的贡献是朴素的,但却是深刻的。说它"朴素",是因为它是源自教学田野中的草根化实践;说它"深刻",是因为它是扎根于中国课堂里的本土化实践,深深烙上了"中国印"。③ 把本土教学实践中的问题纳入理论的视野来思考,对中国先学后教课堂教学模式草根式实践探索中产生新的操作策略和新的问题,给予理论的解释和回应,释放中国本土教学模式实践探索的生命力,④融合创生中国本土的教学实践模式。

---

① 洪明、余文森:《"先学后教"教学模式的理念与实施条件——基于杜郎口中学、洋思中学和东庐中学教学改革的思考》,《中国教育学刊》,2011年第3期。
② 刘冬岩、蔡旭群:《新一轮课程改革的回顾与展望》,《课程·教材·教法》,2013年第1期。
③ 屠锦红、李如密:《"先学后教"教学模式:学理分析、价值透视及实践反思》,《课程·教材·教法》,2013年第3期。
④ 杨启亮:《释放本土教学思想的生命力》,《课程·教材·教法》,2011年第12期。

（二）推进素质教育

学者认为这一模式以学生为中心，实现了教与学的新型统一，较好地处理了减负与增效、培尖与补差、学生学与教师教、规范与个性、提高应试能力与提高全面素质之间的关系，实现了素质教育与"双基"教学的整合，以及"面向全体""关注全程"的素质教育目标。[1]

（三）变革教学观、学习观、师生观

教学实践证明，除部分知识（主要是陈述性知识）外，包括程序性知识、技能、情感、态度等在很大程度上恰恰是"教"不出来的。鉴于此，先学后教模式认定教学首先是学生的事，要赋予学习者学习的权利和责任，让学习者成为学习活动的真正主体和主人，转变那种外在性、被动性、依赖性的学习状态，把学习变成人的主体性、能动性、独立性不断生成、张扬、发展、提升的过程，这是学习观的根本变革。由此我们可以看到，新课程倡导的"自主、合作、探究"的学习方式在先学后教的课堂中天然契合。先学后教课堂教学模式所彰显的学习观和教学观，必将带来课堂教学的革命性变化。

新课程改革特别强调在师生之间建立一种平等民主的关系。先学后教课堂教学模式在对学生主体性的弘扬上，又向前推进了一步。学生主体性的变迁、升格，表面上看是师生关系的展露，实质上深刻地折射出人们对教学本质的探索历程。先学后教课堂教学模式对"教学"诠释的基本逻辑是："学"是起点，亦是终点；"学"是动因，亦是目的；"教"始终指向于"学"，永远服务于"学"。

（四）提升课堂教学效能

提升课堂教学效能，一直是教学活动迫切的现实诉求。陶行知先生早就提醒我们，教的法子必须根据学的法子。美国教育心理学家奥苏贝尔也曾指出有效教学的前提，即基于学生已有的经验并据此进行教学设计。先学后教课堂教学模式契合了上述理念。先学后教课堂教学模式一个重要的内在运行机制就在于"以学定教"，基于学的教，课堂将不会是教师"独角戏"式的表演舞台，而是学生暴露问题、分析问题、解决问题的舞台，是促进学生真实成长的舞台，更是挑战教师实践智慧的舞台。在这样的课堂上，"学然后知不足，教然后知困。知不足，然后能自反也；知困，然后能自强也"。[2]

---

[1] 刘金玉：《"先学后教，当堂训练"：破解五大难题——江苏洋思中学课堂教学策略剖析》，《中小学管理》，2009年第5期。

[2] 屠锦红、李如密：《"先学后教"教学模式：学理分析、价值透视及实践反思》，《课程·教材·教法》，2013年第3期。

第二章 语文先学后教课堂教学模式研究

引言 新课标下语文先学后教课堂教学模式的基本理念与要求

洋思中学的先学后教课堂教学模式是从语文学科开始的,是在语文学科试验中取得经验、富有成效的基础上进而推广的,其他学科是在充分借鉴语文学科改革成果的基础上发展起来的。语文学科课堂教学中的"先学":"就是指在语文老师所提出的'学习目标'和'自学方法'的引领下,同学们个体自我走进文本、研读文本、剖析文本,提出自己的见解、认识、问题、疑惑,努力通过自己的力量解读文本中的问题,获得文本中所得到的最大的启示与发展。"语文学科中的"后教":"就是指在学生个体充分地走进文本、研读文本、思考文本、探究文本之后,就'先学'时产生的见解、认识、问题、疑惑等进行相互交流、彼此互动、共同探讨,最终达到正确理解、形成能力、解决问题、把握文本内涵的目标。"[①]

一、语文先学后教课堂教学模式的基本理念与要求

笔者在参考《义务教育语文课程标准》(2011年版)的基础上,对新课标下语文先学后教课堂教学模式的基本理念与要求作出如下阐释:

(一)以人为本,让学生自主学习

陶行知说:"新教育的目的就是要培养具有'自主、自立和自动'的共和国民,使我们的国民能做自然界的主人,做自己的主人,做国家的主人……"[②]学生是学习的主体。语文课程必须根据学生身心发展和语文学习的特点,爱护学生的好奇心、求知欲,鼓励自主阅读、自由表达,充分激发他们的问题意识和进取精神,关注个体差异和不同的学习需求,积极倡导自主、合作、探究的学习方式。教学内容的确定,教学方法的选择,评价方式的设计,都应有助于这种学习方式的形成。教育的主体是学生,课堂教学要力戒"满堂灌""填鸭式"的做法,要把学生

---

① 刘金玉:《语文学科教学更应该实施"先学后教"》,《上海教育科研》,2012年第11期。
② 华中师范学院教育科学研究所:《陶行知全集》第3卷,长沙:湖南教育出版社,1985年,第34页。

从"要我学"变为"我要学"。语文的母语性使学生自主学习成为可能,在母语生活的大环境下,学生自己的体验和判断完全可以应用在学习中。

(二)授之以渔,让学生学会学习

叶澜说:"作为学校教育者,需要唤醒学生的生命意识,让他们感受自己的生命力量,感受自己的成长,感受开放的可能世界的召唤。"语文课程应激发和培育学生热爱祖国、热爱语文的思想感情,引导学生丰富语言积累,培养语感,发展思维,初步掌握学习语文的基本方法,养成良好的学习习惯,具有适应实际生活需要的识字写字能力、阅读能力、写作能力、口语交际能力,正确运用祖国的语言文字。好的教师不是教书,不是教学生,应是教学生学。在教学中,要注意点拨,要注重教给学生方法。语文教材中的教学目标就是学生学习的出发点和落脚点。

(三)团结合作,让学习更加有趣

陶行知说:"根据孩子们愿意帮助别人的倾向,透过集体生活,我们培养和引导他们对民族人类发生更高的自觉的爱。"[①]语文综合性学习应强调合作精神,注意培养学生策划、组织、协调和实施的能力。学生对课文的内容和表达有自己的心得,能提出自己的看法,并能运用合作的方式,共同探讨、分析、解决疑难问题。在合作活动过程中,体验合作与成功的喜悦。这样学生在娱乐中得到学习,会让学习变得更加有趣。

(四)探究创造,让课堂更加有效

陶行知说:"我们发现了儿童有创造力,认识了儿童有创造力,就须进一步把儿童的创造力解放出来。"[②]语文教学要注重语言的积累、感悟和运用,注重基本技能的训练,让学生打好扎实的语文基础。尤其要注重激发学生的好奇心、求知欲,发展学生的思维,培养想象力,开发创造潜能,提高学生发现、分析和解决问题的能力,提高语文综合应用能力。在家庭生活、学校生活中,能够运用语文知识和能力解决实际问题。

总之,先学后教课堂教学模式让语文课堂中"我是学生,我要学习"成为学生的自觉意识,让"当堂学、当堂会、当堂学会,人人学、人人会、人人会学,不断学、不断会、不断学会"的目标得以实现,让课堂教学焕发出新的色彩。

---

① 华中师范学院教育科学研究所:《陶行知全集》第3卷,长沙:湖南教育出版社,1985年,第86页。
② 华中师范学院教育科学研究所:《陶行知全集》第3卷,长沙:湖南教育出版社,1985年,第80页。

二、基础知识教学领域先学后教课堂教学模式的基本理念与要求

语文基础知识教学的内容和要求主要有:"内容包括现代汉语知识、古代汉语知识、常用文体读写知识、文学体裁及鉴赏常识、文学史常识和古代文化常识等。语文基础知识教学要求做到'精要、好懂、有用',整体把握,'知行'结合,达到掌握规律,化知为能的目标。"①基础知识教学领域先学后教课堂教学模式应该作到:

(一)教学中要将大概念碎片化,让学生先易后难,逐个击破

基础知识中往往抽象的概念多,概念内涵大、外延广。教学中,要将大化小、将难化易。将大概念碎片化,让学生有目的地各个击破后,再将碎片系统地组装起来,学生们对大概念的理解就会更加清楚。将难的问题化为一个个简单的问题让学生自主解决,学生自信心会大增,学习兴趣会渐浓。成绩差的学生也会自觉参与问题的讨论,上课时一言不发、不懂装懂、滥竽充数的现象会逐渐减少。

(二)教学中努力体现语文的实践性和综合性

基础知识教学领域要实现讲练结合,要将知识与能力、过程与方法、听说读写有机综合起来。对于概念的学习,学生不但要能够理解,还要能够娴熟地运用,要增加学生练习的机会,让学生在练习中进一步增强对概念的理解。针对基础知识中概念多的问题,教学中要注意内容间的有机联系,要将零碎的知识点整合,以指导学生学习。教学中还要改变机械、粗糙、繁琐的作业方式,注意沟通课堂内外,充分利用好学校、家庭和社区等教育资源,拓宽学生的学习空间,努力体现语文的实践性和综合性。

三、阅读教学领域先学后教课堂教学模式的基本理念与要求

阅读教学的作用和任务是:"使学生从阅读中吸收知识,掌握读书的方法,养成读书的习惯,还可以开发智力,培养高尚的道德情操和健康的审美情趣。阅读能力的构成包括认读能力、理解能力、评价能力和阅读技巧的运用能力。阅读教学的任务就是培养学生这四方面的能力。"②阅读教学领域先学后教课堂教学模式应该作到:

1. 精心设计好"导学案"

阅读教学领域先学后教课堂教学模式要求教师将教转化为引,引导主要通

---

① 阎立钦:《语文教育学引论》,北京:高等教育出版社,1996年,第45页。
② 阎立钦:《语文教育学引论》,北京:高等教育出版社,1996年,第148页。

过设疑来实现,让学生带着疑问去学习文本。要作到这一点,就要精心设计好"导学案"。要设计好"导学案",必须作好以下几点:

(1)要明晰学习重点,让学生在关键处多留心,多学习,多思考。

(2)要有步骤、循序渐进地引导学生思考,从而帮助学生掌握学习重点,解决学习难点。

(3)"导学案"要给学生留足质疑的空间,培养他们的创造热情。"疑是思之始,学之端",要培养学生发现问题、解决问题的能力。

2. 要灵活采用多种教学方法

在"后教"中,教师要针对学生学习中存在的问题进行教学,但不能包办代替,凡是学生自己不能独立解决的问题,则启发、引导、组织大家一起解决。要灵活采用多种教学方法,达到"教师少教、学生多学"的理想效果,从而培养学生自主学习、勇于探索、团结合作的精神。

四、写作教学领域先学后教课堂教学模式的基本理念与要求

写作教学的要求和任务是:"写作教学的程序应该体现教与学的双边关系,体现教师指导和学生训练的统一,体现教师的主导作用和学生的主体地位。写作教学有科学、有效的训练指导方式、方法。中学生写作能力的培养应在讲清目的意义的基础上进行有计划、有步骤的训练,以使学生形成综合的表达能力。"[①] 写作教学领域先学后教课堂教学模式应该作到:

1. 师生应该先试水作文

传统作文的教学模式就是老师在作文前花费大量时间来分析作文要求,交代学生如何审题立意、如何选择材料、如何构思,并且师生共同阅读范文从而为模仿作准备等。教师认为讲得越多越细,学生学得就越容易,课堂教学有效性就会越高。殊不知这样束缚了学生的创造性,久而久之还会促进学生惰性的滋长蔓延。而写作教学领域先学后教课堂教学模式要求师生在作文前试水,即改变传统的教法,不进行"作前指导",这样会加深学生对作文的理解,为作文评点作了很好的铺垫。

2. 教师适当"点拨",培养学生的创新能力

学生在试水作文中进行自我审题、自我分析内容、自我确定主题、自我选择材料、自我构思作文、自我控制时间、自我写作表达,在此基础上,老师再引导学生"后教",即引导学生相互研讨已做文章是否切题、深刻,并发现学生习作中的亮点。在"点拨"的过程中,教师除解答学生疑惑的问题、纠正学生错误的理解

---

① 阎立钦:《语文教育学引论》,北京:高等教育出版社,1996年,第268页。

外,还应鼓励学生提出质疑,引导学生对质疑的问题进行深入探究,从不同角度去思考和判断问题,以培养学生独立质疑、勇于探究的品质和标新立异的创新能力。

教学课例1 识字6

【学习内容与学情分析】

《识字6》是苏教版义务教育课程标准实验教科书小学语文二年级下册第五单元中的一篇识字课。本课采用"词串"的方法识字。教材以图文并茂的形式把孩子们引入一个神奇的动物世界。课文介绍了十二种动物的名称,分为鸟类和兽类,还让学生通过认识"麋鹿、棕熊",知道一些珍稀动物,把学生的学习引向广阔的天地,让他们在课本以外学习语文。

本课识字内容是十二种动物的名称,如何建立文字与动物之间的联系,是本课教学的关键。因此教学中充分利用多媒体课件展示动物形象与文字之间内在的、多角度的、立体的联系,如看图识字、图片与文字配对、字形的历史演变、字义的理解等,把识字、写字与认识动物有机结合起来,充分发挥学生的自主意识和能动作用。

【学习目标】

1. 认识"狮、猴、鹿、斑"等几个生字,并能正确书写"猴""鹿""斑"三个生字,了解十二种动物的名称以及大概特性。

2. 正确、流利、有感情地朗读课文,感受词串的韵律美。

3. 培养学生喜爱动物、保护动物、热爱大自然的思想感情。

4. 能充分发挥想象力,结合课文插图和搜集的资料介绍自己喜欢的动物。

【学前准备】

1. 多媒体课件。

2. 发动学生搜集野生动物的资料,初步了解一些动物的特性。

【学习重点】

建立起动物名字与事物的联系,有感情地诵读韵文,规范书写生字。

【学习难点】

建立起动物名字与事物的联系,并用恰当的语言表达出来。

【学习过程】

一、复习词语

上课,同学们好!

同学们,今天天气暖洋洋的,老师带你们到野生动物园去春游好吗?请大家坐好,我们出发啦!

1.看,野生动物园到啦!请大家仔细看,都有哪些动物?请大声说出他们的名字。

2.(出示课件,看图连线)这些动物太可爱了,老师给它们拍了照片,还贴了名字标签,后来老师不小心把它弄乱了,你们能帮老师找一找吗?谁来说说第一幅图?它是什么动物?它的名字标签是几?下面请大家一起来,按照从上到下、从左到右的顺序,用嘴念出它们的名字,用手表示它们名字的位置好吗?上面第二个是——

3.同学们能把动物们的照片和名字一一对应,真不错!现在,没有照片了,你们还能认识它们的名字吗?

(出示:狮子、猴子、猩猩/麋鹿、斑马、袋鼠)

A.谁来读第一行,大家仔细听,看他的轻声音节读得准不准?

老师再考你一个问题,其他同学仔细听,看他回答得对不对?用你的手势判断对错。"猩猩"的"猩"是前鼻音还是后鼻音?(正确!)老师奖励你当小老师带大家把第一行读一遍。

B.谁来读第二行?老师也考你一个问题,其他同学用手势判断对错。鹿是边音L还是鼻音N?老师奖励你当小老师带大家把第二行读一遍。

C.请大家把两行连起来读一遍。

二、指导书写

1.这些动物们可高兴啦!你们不仅记住它们的样子,还认得它们的名字,尤其是狮子、猴子、猩猩更高兴,因为在上节课,你们把它们的名字写得可漂亮了。袋鼠、麋鹿和斑马也想让你们帮它们写个漂亮的名字,你们愿意吗?

2.写之前我们来回忆一下,上节课我们学的"狮、猴、猩"这三个字有什么共同点?(他们都是形声字,右边是声旁表示读音,左边是形旁表示意思,反犬旁大多表示和动物有关。)你们还知道哪些反犬旁的字?(例:狐狸、狡猾、狼、狈、猫、狗、猪、猾)评:这个字还没学过,你是怎么认识的?从课外书中识字,是个很好的习惯,你们有没有这个好习惯,请保持下去。

3.袋鼠、麋鹿和斑马的名字中也有一个形声字,猜猜是哪个?

你是怎么知道的?袋:上面是代表、代替的"代",加个衣字底还读dài(袋),那这个袋是什么袋呢?谁能给它组个词?

和形声字不同,有的字是照着事物的样子画出来的,请猜猜看,这是什么字?(出示甲骨文"鹿")有两个大眼睛,头上一对漂亮的枝角,一个短尾巴,还有四个蹄子的动物,就是鹿。这样的字叫象形字。(出示下图)在漫长的历史演变过程中,象形字发生了很大的变化,请看,原来头上漂亮的枝角越来越淡化,直到完全消失,而四个蹄子却越来越突出,变成现在的"比"字。

甲骨文	金文	小篆	繁体隶书	楷书
（图）	（图）	（图）	（图）	鹿
甲骨文像长着大眼睛和一对枝角的短尾四脚动物。	金文基本承续甲骨文字形，突出了灵巧的四蹄。	篆文在金文字形的基础上有所变形，淡化了丽角，突出了四蹄。	隶书使丽角形象完全消失。	

要想把"鹿"字写好，要作到哪"三看"？一看字形：半包围结构的字是写得半藏半漏；二看压线笔，第二竖压竖中线，这一横压横中线；三看难写的笔画和容易写错的笔画。在"鹿"字的历史演变过程中它的四个蹄子越来越突出，代表鹿蹄子的"比"可要写好啦，一笔横，二笔竖提，三笔短撇，四笔竖弯钩要露出来一点。写好了，我们检查一下，半包围结构是不是半藏半露？压线笔有没有压上？难写的笔画写正确了没有？

5.好，那么我们再来看看"斑"。"斑"是什么意思呢？请看这三种动物的毛都是几种颜色？对，一种颜色中，还夹着另一种颜色的点子或者条纹，这个点子或者条纹，就是斑，你们能给"斑"组几个词吗？

6.下面请大家拿出笔来，请三个人带大家把这三个字描红。描好了，检查一下，是不是一笔成功，笔笔到位？要是有重影，一定要擦掉重描。描好了，就在本子上把每个字照样子写一个，写的时候一定要作到三看，还要注意笔画的轻重缓急，写出笔锋。下面我们来看看这几个同学写得怎么样？回家以后，再检查一下，把写得不好的字擦掉重写，再把一行完成。

三、品读韵文

1.同学们，写字写辛苦了吧？我们来做个游戏放松一下好吗？全体起立，请大家自由读一读《识字6》，你想怎么读就怎么读，可以摇头晃脑地读，可以拍手读，甚至可以跺脚读。开始吧！

下面谁想为大家表演一下？（学生展示）

同学们，你们在做游戏的过程中有没有什么发现？（归类与押韵）

教师点拨：每一行最后一个字的韵母都是ü，我们叫它押韵，这个词串就像我们读过的古诗一样具有韵律美。我们刚才拍手、跺脚,像不像我们音乐课上打拍子?我们读这个词串也能像唱歌一样打出节奏来,所以说这个词串既有节奏感又有韵律美,所以读起来格外好听,对吗?想不想再玩一次?

四、拓展运用

1.同学们刚才和动物们玩得真开心啊!你们喜欢这些动物吗?能用一个词说说你喜欢它的原因吗?比如老师喜欢狮子,因为它威武凶猛,所以老师说(威武凶猛)的(狮子),谁也能这样说一说?

2.同学们真能干,把一个词变成了两个词,让我们知道了这是个什么样的动物,那两个词还能变成什么?让大家对这种动物有更多了解?你能为大家变一个吗?

3.老师也变了一句话(出示):我最喜欢威武凶猛的狮子,你看,它头顶乱发,张大嘴巴,发出怒吼,好像在说:"我是森林之王,管理森林里的一切动植物,老虎,你虽然是百兽之王,也要服从我的管理。"

4.在这句话中我们知道了狮子的样子是头顶乱发,它的动作是张大嘴巴,发出怒吼,根据它的样子和动作还想象了它说的话。

5.你猜猜,老师是怎么知道它的样子和动作的?对,看书上的插图。

6.同学们,你们最喜欢什么动物呢?能结合插图或者你在动物园、电视中看到的,给我们介绍一下它的样子和动作吗?也可以加上自己的想象。

评:你这句话让我知道了它的颜色、样子、动作……

7.你看,老师又变了一句话(出示):我最喜欢胖乎乎的棕熊。从它圆滚滚的肚皮,你就知道,它有多会吃,什么野果啦,嫩草啦,蚂蚁啦,蜂蜜啦,还有鱼啦,甚至动物腐肉,它都喜欢吃。

这句话老师是不是看图了解到的?(资料)

同学们,你也查找了动物资料吧?谁能根据你查找的资料介绍一下。

评:通过你的介绍,我知道了它的生活习性……

8.同学们,动物是人类的朋友,有了它们,我们的生活才更加丰富多彩。所以,我们不仅自己要保护它们,还要让更多的人了解它们,喜欢它们,从而加入我们的队伍中,和我们一起保护它们。

那么,你们有什么办法让别人了解这些动物,喜欢这些动物呢?

我们可以通过笔把这些动物写下来、画下来。你们现在知道怎么写这些动物吗?可以通过看插图介绍它们的样子和动作,也可以结合你们查找的资料介绍,还可以加上自己的想象。

如果还有困难,请找小助手帮忙。如果没有,请独立完成。

请大家拿出作业纸,完成绘本:我的动物朋友。

作业:1.完成生字书写。

  2.写一写、画一画:我的动物朋友。

【学案评析】

(1)以生为本,设计新颖。本词串教学的主要目标就是识字写字,同时渗透一点野生动物保护知识。但考虑该班学生的课外阅读活动开展扎实,识字朗读能力较强,本学案把教学重点放在写字教学和说话训练上,识字教学是作为复习导入巩固环节,朗读词串是作为课间的放松游戏环节来呈现的。所以说,该学案是为该班学生量身打造的,有别于以往各种课中以朗读为主的词串教学模式。

(2)注重基础,授之以渔。作为本课重点之一的写字教学指导,该学案作得非常细致到位:写字前通过多种形式引导学生对所写的字作深入了解。如认识形声字"袋"的特点,通过给"袋"和"代"分别组词,来区分它们意思的不同;象形字"鹿",则是用课件出示它的历史演变过程,让同学们感受中国文化的博大精深;"斑"用了三种动物的图片,让学生观察比较它们的毛色特点,从直观上体会它的意思,并通过组词学会在实际生活中加以运用。

在具体指导写的过程中,以"鹿"为例,引导学生"一看字形,二看压线笔,三看关键笔",引导学生掌握读帖的方法。

作为本课重点之二的说话训练,该学案也特别注重训练的层次,让学生由词到词组,再到一句话、一段话进行训练。同时,也注重方法的渗透,如引导学生通过看插图,观察动物们的样子、动作等,来练习说话,还引导学生通过查找资料练习说话,等等。

(3)激发兴趣,游戏中学。"知之者不如好之者,好之者不如乐之者。"本学案充分考虑低年级学生的年龄特点(注意力不容易集中,集中时间不够长),以游戏贯穿始终,课堂伊始以带领学生游野生动物园为导入,出示动物图片,让学生大声说出自己认识的动物,接着以请学生帮忙找弄乱的照片和名片,让学生把动物和它们的名字一一对应起来。

每一个过渡语中都注意调动学生的兴趣,如在写字之前说:"这些动物们可高兴啦!你们不仅记住它们的样子,还认得它们的名字,尤其是狮子、猴子、猩猩更高兴,因为在上节课,你们把它们的名字写得可漂亮了,袋鼠、麋鹿和斑马也想让你们帮它们写个漂亮的名字,你们愿意吗?"这样的话语很能激发低年级小学生的自豪感与自信心。

尤其是在以游戏形式呈现的词串朗读环节,学生可以自由地拍手、跺脚、拍桌子、手脚并用,甚至两人配合像玩"你拍一我拍一"的游戏……把枯燥的词串朗读变成快乐的游戏活动,不知不觉中学生就能对词串熟读成诵,也感悟到词串的归类方法,体会到词串像诗歌一样的韵律美和节奏感。

(合肥杏林小学 汤杏枝)

教学课例2　元日

【学习内容与学情分析】

《元日》这首诗是王安石在神宗初年刚任宰相不久写的一首著名诗作。全诗通过对"放爆竹""饮屠苏""迎红日""换桃符"以及春风送暖等新年特有景象的描绘,展现了新年元日热闹、欢乐和万象更新的动人景象,抒发了作者力图革新政治的思想感情。

王安石既是政治家,又是诗人。他的不少描景绘物的诗都寓有强烈的政治内容。本诗就是通过新年元日新气象的描写,抒写自己执政变法、除旧布新、强国富民的抱负和乐观自信的情绪。

全诗文笔轻快,色调明朗,眼前景与心中情水乳交融,确是一首融情入景、寓意深刻的好诗。四年级学生学习这首诗,重点在于让学生借助于注解理解诗句意思,想象诗中描绘的景象,体会诗人积极向上、乐观自信的情感,初步感知诗以言志的表达手法。

【学习目标】

1. 学习本课的生字新词。
2. 有感情地朗读诗文,背诵诗文。
3. 了解中国的传统节日——春节的习俗,了解诗句所描绘的欢天喜地、热热闹闹的节日景象,感受诗中表达的全民族欢度佳节、辞旧迎新的美好愿望。
4. 初步感知诗以言志的表达手法。

【学习重点】

1. 有感情地朗读诗文,背诵诗文。
2. 了解诗句所描绘的欢天喜地、热热闹闹的节日景象,感受诗中表达的全民族欢度佳节、辞旧迎新的美好愿望。

【学习难点】

感受诗中表达的全民族欢度佳节、辞旧迎新的美好愿望以及诗以言志的表达手法。

【学习准备】 多媒体课件

【学习过程】

一、谈话导入,理解诗题

(播放音乐)同学们,请听,这欢快的音乐让你想到了什么节日?再看这热闹的画面,让你想到了春节你最喜欢做的事是什么?是呀,春节是我国民间最隆重、最热闹、最富有特色的传统节日。不仅你们喜欢,老师也喜欢,不仅我们现代人喜欢,古人也喜欢,古人还写了许多关于春节的诗呢。今天就让我们一起走进王安石的《元日》,看看古人是怎么过春节的。

板书课题,齐读,理解题意。

二、初读古诗,读出节奏

1.初读古诗。下面请同学们打开课本翻到133页,自由地读一读,注意把字音读正确,把诗句读通顺。(生自读)

2.检查生字词的学习。

(1)(出示生词)认读生字词。

  bào tú tóng fú
  爆竹 屠苏 曈曈 桃符

(2)理解"曈曈":"曈曈"是什么意思?猜猜看它和什么有关?为什么?

(3)指导书写"爆"。

3.指名朗读这首诗。

4.(出示课件)同学们,我们在朗读的时候,要想让别人听得明白,还要注意恰当地停顿。请看屏幕,自己试一试。正确读出诗歌的停顿就能读出诗歌特有的节奏。

5.(出示课件)同学们请看,你发现了什么?

点拨:一、二、四行末尾的字不仅押韵,而且声调都是第一声或者是第二声,我们叫作压平韵,要读得长一点,如果声调是第三声或者是第四声,我们叫作压仄韵,要读得短一些。这样才能读出诗歌特有的韵味。

6.指导朗读:读出节奏与韵律。

三、再读古诗,体悟意境

1.同学们,这首诗写于北宋,距今约有一千年的历史了,有些词语对同学们来说可能比较陌生,大家在朗读的过程中有没有发现什么不懂的,需要提出来与大家讨论讨论?

预设:

"爆竹"是什么?(鞭炮、爆仗)古人烧竹子使竹子发出噼噼啪啪的响声,用来驱鬼避邪,后来人们用纸卷火药点燃发响,演变成放鞭炮。

一岁除:一年已过去。除,逝去。

屠苏,(出示图片)这就是屠苏,是一种草,所以苏是草字头。这里的屠苏是指用屠苏草泡成的屠苏酒,是汉末名医华佗创制而成。古时候家家户户老老少少都在元日这天朝东喝屠苏酒,以驱邪避瘟疫,求得长寿。按照中国的传统习惯,一般饮酒应该老年人先喝以表示对老年人的尊重,但屠苏酒正好相反,从年轻人开始喝,最后才是年长者,是希望老年人返老还童的意思。

新桃旧符,是指新桃符和旧桃符,这是省略的说法,是因为受七绝字数的限制。(出示课件)看,这就是桃符,关于桃符还有一个神话故事。在苍茫的大海之中有一座之山,山上有一颗大桃树,枝干蜿蜒盘伸三千里,桃枝的东北有一个万鬼出入的鬼门,门上两个神人,一个叫神荼(读作申舒),一个叫郁垒(读作郁律),他们专门把守鬼门,捉拿那些害人的鬼,然后用绳子把它们捆起来,扔到山下喂老虎。但是他们的能力是有限的,不能尽除天下恶鬼,也不能保证每家每户平安。于是黄帝向全国下了一道命令,春节前夕,家家户户都要用桃梗刻制他们的像,除夕那天挂在门前,用来避免妖魔鬼怪的侵扰。这就是桃符的诞生。现在桃符已经演变成春联,这两个神人就是我们常常说的门神。

2. 同学们,扫清了字词障碍,让我们再来读读这首古诗。请大家边读边放飞想象的翅膀,你仿佛看到谁在哪儿做什么?如果能加上人们活动时的动作、表情、语言、心情就更好了。(学生自读、思考)

3. 学生逐句汇报、连起来说说诗意。

4. 指导有感情地朗读。

5. 诗人王安石用短短四行28个字,就为我们勾画出古人放爆竹、喝屠苏、迎朝阳、换桃符的过年习俗,还为我们描绘出新年热闹、欢乐和万象更新的动人景象,语言可真精炼啊!还有更精炼的,在这首诗中,诗人只用一个字就表达出自己内心的感受,你发现了吗?(板书:暖)是什么让作者感受到温暖?(春风、阳光、屠苏、鞭炮)

6. (出示课件,简介背景)同学们,你们说得都很好!可还有一个重要的原因你们从诗中是找不到的。王安石不仅是北宋时期著名的文学家,还是著名的政治家,是一人之下万人之上的宰相,当时的北宋王朝贫穷落后,经常受外敌入侵,老百姓生活在水深火热之中。所以作为宰相的他看到春节时家家户户安宁幸福的生活图景,他就想_____。想到这儿,他情不自禁吟诵道:爆竹……

听着阵阵的鞭炮声,看着被换掉的旧桃符,这位忧国忧民的政治家不禁想到:一切旧的制度、落后的东西都将随着新年的到来而消逝,看着人们迎着温暖的春风喝着屠苏酒,怀着喜悦的心情迎接灿烂的红日,这位胸怀远大的政治家心里想:_____。想到这儿,这位伟大的诗人不禁吟诵道:爆竹——(齐读)

四、拓展延伸

1. 愿望固然是美好的,然而现实却又是残酷的。由于王安石的变革触动了大地主、大官员的利益,他们想方设法加以阻止,处处排挤他,使得他寸步难行,就在这种心境下,他又写下了一首诗《梅花》。我知道大家曾经背诵过,今天在我们了解了诗人王安石之后,再读一读,看看你有没有什么新的体会?

出示：
梅　花
宋　王安石
墙角数枝梅，凌寒独自开。
遥知不是雪，为有暗香来。

注释：
①凌寒：冒着严寒。
②遥：远远的。
③知：知道。
④为：因为。
⑤暗香：指梅花的幽香。

学生回答后总结：诗以言志。王安石当时的艰难处境、孤独心态与墙角的梅花有共同之处，所以诗人是通过对梅花不畏严寒的高洁品性的赞赏，来表明自己坚强高洁的人格魅力。

2.我们再来看一首王安石的《春夜》，一起来读一读（出示）：

金炉香烬漏声残，剪剪轻风阵阵寒。
春色恼人眠不得，月移花影上栏杆。

夜已经深了，香炉里的香早已经燃尽，漏壶里的水也快漏完了。后半夜的春风给人带来阵阵寒意。然而诗人却怎么也睡不着，只看见随着月亮的移动，花木的影子悄悄爬上了栏杆。

本应该是春眠不觉晓，可诗人为什么彻夜难眠呢？（指名回答后点拨：王安石一生的梦想就是变法改革，虽然屡遭挫折，但他痴心不改，历经两朝皇帝二十六载，他的变法主张终于再次被采纳，皇帝下诏书让他回京继续推行变法，这首诗就是写于他接到圣旨的当夜，可以想象此时此刻他是百感交集，思绪万千，所以，他不禁埋怨到——春色恼人眠不得，月移花影上栏杆。）

面对良宵春色，金炉香烬，剪剪轻风，月移花影，一派风光，他辗转反侧，难以入睡，不禁吟诵到——（生齐读：金炉香烬漏声残，剪剪轻风阵阵寒。春色恼人眠不得，月移花影上栏杆。）

五、作业
1.完成生字书写。
2.找一找王安石的诗，选几首自己喜欢的背一背。

【学案评析】
本学案以先学后教贯穿通篇，设计思路清晰。从开始的学生自读理解扫清字词障碍，再到朗读的指导、诗意的理解、意境的体悟，最后到补充的古诗，步步深入，环环相扣，一气呵成。

本学案注重调动学生的学习兴趣。首先以音乐《春节喜洋洋》结合放鞭炮、贴春联的画面渲染气氛,唤醒学生对春节的回忆入手,一下就拉近了学生与文本的距离。

　　本学案尤其注重方法的引领。(1)朗读指导注重层次。在指导学生朗读的时候,先是读通顺,再是读出停顿,读出诗歌特有的节奏感,第三步是读出诗歌的押韵,读出诗歌所特有的韵律美,最后是理解感悟之后带着自己的体悟感情朗读,这样一步步引领学生比较容易掌握诗歌朗读的一般规律。(2)理解词义方法多样。比如"曈曈",根据形声字的特点,让学生猜一猜它和什么会有关;"屠苏",则通过图片给学生直观的认识,再补充古人喝屠苏酒的习俗介绍,加深印象,同时渗透传统美德教育;"桃符",通过讲述桃符诞生的故事既理解了词义,又扩展了学生的知识面,学生的兴趣更加浓厚。(3)诗意体悟递给拐杖。理解诗意对四年级学生来说难度比较大,也比较容易变成枯燥的翻译,为了突破这个难点,本学案让学生结合书中的插图和自己过春节的生活体验边读边想象画面,用"谁在哪儿干什么",加上人物的动作、表情、语言、心情等,描述自己所看到的画面,让诗意的理解灵动鲜活起来,避免就诗的字面意思逐字逐句地去翻译。除此之外,还补充了诗人的生平和写作背景资料,让学生初步感知"诗以言志"的特点,懂得通过查找相关资料能帮助我们更好地读懂一首诗。并当堂练习巩固,出示了王安石的另外两首诗,让学生练习朗读,练习结合创作背景来体会诗人彼时彼刻的心情。

(合肥市杏林小学　汤杏枝)

教学课例3　夹竹桃

(第二课时)

【学习内容与学情分析】

　　本课的设计以《新课程标准》的新理念为依托,在教学中引领学生真实触摸文本,紧扣文中关键词句,扎实训练,不断品味、感悟、内化,使学生扎扎实实对文本进行个性化解读,从而使学生获得充实的收获,那就是在得到语言文化熏陶的同时,获得语文素养的全面提升。

【教学目标】

　　1.正确、流利、有感情地朗读课文。

　　2.理解同音字"容""融"的义项;理解"韧性"的本义和引申义;会用双重否定句式造句。

3.体会夹竹桃花色奇妙有趣、有韧性的特点,理解作者为什么喜爱夹竹桃,感悟作者顽强坚韧的品质。

4.体会对比衬托、状物咏怀的写法,感受季羡林先生语言的精妙。

5.学习作者的写作方法和句式仿写植物。

【教学重点】

通过对比,抓住重点词句,体会夹竹桃有韧性的特点,感悟作者顽强坚韧的品质。

【教学过程】

一、导入

1.师:通过上节课的学习,我们认识了这样一种花(出示多媒体)。齐读第一自然段。

2.两个"最",足以看出这种花在作者心中的重要。作者为什么会爱上夹竹桃呢?快速浏览课文,用简洁的词语来概括一下。(板书:色彩 韧性 花影)

二、精读

人们都说,读一本好书,就是和一个品德高尚的人对话。就让我们走进作者的文字,和作者来一次心灵上的接近。

(一)花色

1.自读课文第二自然段,边读边想,作者为什么觉得这样的景象奇妙有趣?

2.组织交流,在学生充分表达自读收获的过程中,适时作如下点拨:

引导学生扣住"容"和"融"二字,出示两字不同的义项。

3.夹竹桃花色的奇妙有趣,不仅在于"水火也能相容",而且红、白花色彼此间更是呈现相互映衬的融和之美,和谐之美——这就是此番景象的奇妙有趣之处。(板书:奇妙有趣)

(二)韧性

季老仅仅爱它们那奇妙有趣的花色吗,他还爱它们的什么?(韧性)

1.什么东西会有"韧性"?"韧性"是什么意思?这是"韧性"本义、字面上的意思。

说到"韧性",你会想到哪些四字词语?这就是"韧性"的引申义,由字面上引申出的更深含义。我们读文章,要根据实际情况,有时要读词的本义,有时要读引申义。作者写夹竹桃的韧性是本义还是引申义?别急着回答,通过深入学习课文,你们一定能找到答案。

2.(出示第四自然段)轻声朗读第四自然段,画出你认为最能体现夹竹桃韧性的词句,说说自己的体会。

【句子一】

然而在一墙之隔的大门内,夹竹桃却在那里悄悄地一声不响,一朵花败了,又开出一朵,一嘟噜花黄了,又长出一嘟噜。

①从这句话中,你读懂了什么?可以读出这种感觉吗?

抓"悄悄地一声不响"悟出夹竹桃的默默无闻、毫不张扬的品性。

从"一朵花败了,又开出一朵,一嘟噜花黄了,又长出一嘟噜"中悟出夹竹桃连续不断地开放、生命力旺盛的特点。

②这是怎样的夹竹桃啊?(默默无闻,毫不张扬,坚持不懈)

是啊,这就是夹竹桃的韧性呀!

【句子二】

在和煦的春风里,在盛夏的暴雨里,在深秋的清冷里,看不出有什么特别茂盛的时候,也看不出有什么特别衰败的时候,无日不迎风吐艳。

①点击"暴雨、清冷、看不出特别衰败",注意这些词,你想说点什么?

豆大的雨点从空中一股脑地落下来;大雨如注,狂风发作;很多盛开的花瓣被打落了,连花枝也被狂风折断了;或许还有些花经过了这一场暴雨,就结束了自己在这一年里的花期;然而夹竹桃在暴雨中顽强地挺立着,没过几天,又会开出新的花朵,仍然是那么平常……(秋风萧瑟,秋雨冰凉,所有在春夏两季开放的花,此时都失去了往日的笑容;它们都凋零了,有的甚至就此走完了自己短短的一生;只有极少数耐寒的花在这时迎风怒放。)是啊,经过暴雨洗礼的夹竹桃更是充满着生命的活力,它并没有因为天气转凉而像其他一些花那样衰败,还是一如春天那样平平淡淡地开着。这是多么持久顽强的生命力啊!

指导朗读:读出这种顽强地挺立,这种生命的活力!

点击:"无日不迎风吐艳":无日不迎风吐艳怎么讲?就说"每天都迎风吐艳"就行了,为什么说成"无日不迎风吐艳"呢?(强调夹竹桃每天都迎风吐艳的意思。对,我们经常用两个否定的词来强调肯定的意思。)

课文里还有这样的句子吗?自己找一找。("无不奉陪","不是显得非常可贵吗?")出示其他表示双重否定的关联词。(不得不"没有一个…不""不会不"不能不……难道……不…… 不可能不)

指导朗读:来,读出夹竹桃开的花期长,生命力的顽强!

②同学们,刚才我们通过抓重点词语来感悟句子的内涵,这是种非常有效的学习方法。可以多试试哟!

【句子三】

从春天一直到秋天,从迎春花一直到玉簪花和菊花

——(无不奉陪)

①抓住"一直""一直"(夹竹桃花期很长,顽强不屈,韧性可贵),再读读看,这里是要强调什么意思?(是的,夹竹桃奉陪着许多花开放)一年三季,它分别陪伴哪些花一齐开放了?(出示课件)

引读:学习第三小节。

师根据学生回答出示不同季节的话的课件。

师:每年春天,迎春花首先开出黄色的小花,报告春的消息。以后接着来的是桃花、杏花、海棠、榆叶梅、丁香等,院子里开得花团锦簇。

生:然而在一墙之隔的大门内,夹竹桃却在那里悄悄地一声不响,一朵花败了,又开出一朵,一嘟噜花黄了,又长出一嘟噜。在和煦的春风里,在盛夏的暴雨里,在深秋的清冷里,看不出有什么特别茂盛的时候,也看不出有什么特别衰败的时候,无日不迎风吐艳。从春天一直到秋天,从迎春花一直到玉簪花和菊花,无不奉陪。

师:到了夏天,更是满院生辉。凤仙花、石竹花、鸡冠花、四色梅、江西腊等等,五彩缤纷,美不胜收。夜来香的香气熏透了整个夏夜的庭院,是我什么时候也不会忘记的。

生:然而在一墙之隔的大门内,夹竹桃却在那里悄悄地一声不响,一朵花败了,又开出一朵,一嘟噜花黄了,又长出一嘟噜。在和煦的春风里,在盛夏的暴雨里,在深秋的清冷里,看不出有什么特别茂盛的时候,也看不出有什么特别衰败的时候,无日不迎风吐艳。从春天一直到秋天,从迎春花一直到玉簪花和菊花,无不奉陪。

师:一到秋天,玉簪花带来凄清的寒意,菊花则在秋风中怒放。

生:然而在一墙之隔的大门内,夹竹桃却在那里悄悄地一声不响,一朵花败了,又开出一朵,一嘟噜花黄了,又长出一嘟噜。在和煦的春风里,在盛夏的暴雨里,在深秋的清冷里,看不出有什么特别茂盛的时候,也看不出有什么特别衰败的时候,无日不迎风吐艳。从春天一直到秋天,从迎春花一直到玉簪花和菊花,无不奉陪。

师:一年三季,花开花落,万紫千红。

生:然而在一墙之隔的大门内,夹竹桃却在那里悄悄地一声不响,一朵花败了,又开出一朵,一嘟噜花黄了,又长出一嘟噜。在和煦的春风里,在盛夏的暴雨里,在深秋的清冷里,看不出有什么特别茂盛的时候,也看不出有什么特别衰败的时候,无日不迎风吐艳。从春天一直到秋天,从迎春花一直到玉簪花和菊花,无不奉陪。

(2)小结:就这样,一年三季,院子里花开花落,万紫千红,惟有夹竹桃始终在一墙之隔的大门内静静地绽放着,绽放着。同学们,这就是韧性啊!

3.课文重点写夹竹桃,为什么要写第三自然段?用一个自然段来描写"一年三季,花开花落,万紫千红"的景象,对夹竹桃却只字未提呢?

小结:评价:同学们真是有智慧,一下子就把季老的心思揣摩出来了。

作者通过描写一年三季的花开花落对比衬托出夹竹桃的花期之长、始终如一,更突出了夹竹桃的"韧性"。如果说第四段是正面描写夹竹桃的韧性,这段就是侧面衬托了。

4.师:我们平时作文时,要表现事物的特点,有时不一定要直接描写,也可以写别的事物来衬托它。

生活中哪些植物可以称为有韧性?(仙人掌、松树、小草、梅花、广玉兰……)选一种,来说说它的韧性。你可以学着第四自然段的一些句式进行正面描写,也可以学着第三自然段的侧面衬托。

我们从正面描写,从侧面衬托,都感悟到夹竹桃的"韧性"。通过学习,我们知道季老说的夹竹桃的韧性是指本义还是引申义?

听听老师补充的资料,相信你会有更深的认识。

补充资料:

季羡林,生于1911年,1930年考上清华大学,1934年前往德国获得哲学博士学位。由于二战爆发,交通断绝,回国受阻,饱受煎熬的他仍然苦读不辍。

1946年,他回到阔别11年的祖国,任北大教授。在"文革"的十年浩劫中遭受迫害,惨挨批斗,经常被打得遍体鳞伤、不得动弹。而在这样的境况下,280万字、8卷本的《罗摩衍那》就这样被翻译出来。

"文革"后,他重见天日,恢复了北京大学系主任职位,还当过北京大学副校长,仍笔耕不辍,著作丰硕。

师:从中,你读懂了什么呢?

师:同学们,正是夹竹桃般的韧性,支撑着他一步步走向成功。从这平凡的夹竹桃身上,他仿佛看到了自己的影子,借夹竹桃他道出了自己的情怀。(板书:状物咏怀)

(三)想象

过渡:夹竹桃的妙处还不止于此,这个"此"指的是什么?这句话起什么作用?

过渡:季羡林老先生特别喜欢月光下的夹竹桃。(多媒体播放课文录音)学生闭眼听第五自然段的朗读,你仿佛闻到什么?又仿佛看到什么?

月光下的夹竹桃就像一剂催化剂,引发了我许多幻想。

1.自主学习(出示要求)

①月光下的夹竹桃为何能引起"我"的幻想?

②作者都幻想到什么?你有什么感受?有感情地朗读。

2.汇报:月光下的夹竹桃为何能引起"我"的幻想?

①指名回答。"你站在它下面……"

叶影参差(长短、高低、大小不齐),花影迷离(模糊)

②请用朗读将我们领入情境中去。

3. 读了作者的幻想,你有什么感受?

①(想象丰富、意境美、用词准确、描写生动有情趣。)指名读。

②自由练习朗读,老师为你们配上音乐。

4. 教师叙述:朦胧的月色下,夹竹桃花影迷离,叶影参差,浓浓烈烈的花香毫不含糊地袭来,你顿时恍惚了,产生了许多的幻想。你都会幻想些什么?

5. 身为儿童的你们,幻想到的和历经沧桑磨难的季先生有什么不同?我们每个人幻想的都和自己的生活经历密切相关。结合刚才老师补充的资料,你有什么更深的感悟吗?(从幻想着地图、亚洲、海轮,到生活里的荇藻、池塘、游鱼,再到象征着民族精神的墨竹,作者似乎在回味他富有传奇色彩的人生,似乎在表白着贫贱不移、宠辱不惊的精神世界。)

6. 带着这么多的理解,我们尝试背诵这段。

7. 现在,如果老师还问,作者为什么爱上夹竹桃?你的答案还和刚上课时一样吗?

出示:作者爱上了夹竹桃,因为——,因为——,更因为——。

三、延伸

学习了这篇课文,我们总感觉不是在学课文,读课文,而是在和作者面对面对话,在听他诉说。他的文字,有什么特别之处?

季先生说:"我写东西有一条金科玉律:凡是没有真正使我感动的事物,我决不下笔去写。"

温家宝说:您写的作品,如行云流水,叙事真实,传承精神,非常耐读……

2006年感动中国的颁奖词写道:心有良知璞玉,笔下道德文章。一介布衣,言有物,心有格,贫贱不移,宠辱不惊。

季羡林的文字就是这么朴实无华,却又寓意深刻;他的思想像一本厚厚的百科全书,读之使人明智。课下,让我们一起走进他的作品,去和这位高尚的人对话。

花色　红白

夹竹桃　韧性　无……不　无不　对比衬托

花影　地图　荇藻　墨竹　借物咏怀

【学案评析】

《夹竹桃》是作家季羡林写的一篇散文。作者通过描写夹竹桃的可贵韧性和花影的有趣动人,表达了作者对夹竹桃的喜爱之情。

本课的重点是通过朗读课文,让学生感受夹竹桃可贵的韧性和作者描写的月下夹竹桃。运用对比衬托的手法突出夹竹桃的韧性是本文的主要写作特色,在突破第一个重点时,轻声朗读第四自然段,画出你认为最能体现夹竹桃韧性的词句,说说自己的体会。学生通过找课文第三自然段描绘院子里的花,争奇斗艳,只有夹竹桃"悄悄地一声不响",总是迎风吐艳等句子感悟夹竹桃具有可贵的韧性。

另外,描写月光下的夹竹桃,笔触细致入微,尤其是"我幻想……我幻想……我幻想……"的排比句式,把夹竹桃引发"我"的幻想写得生动有致,引人遐想不已。这一重难点通过两个问题展现出来。①月光下的夹竹桃为何能引起"我"的幻想?②作者都幻想到什么?你有什么感受?有感情地朗读。让学生自主学习,交流体会,深化作者的情感,学习作者的写法。

(合肥市杏林小学 刘洁)

教学课例4 草原

【学习内容与学情分析】

《草原》这篇散文记叙了老舍第一次访问内蒙古大草原时的所见所闻所感,字里行间浸润着浓郁的草原风情。但因内地学生对草原认知不多,缺少直观感受。对于作者后面所抒发的民族情感,现在的孩子很难把握,应该是一个教学难点。

【教学目标】

1. 有感情地朗读课文。
2. 品味、积累课文中优美的语言,体会句子的含义。
3. 读懂课文,在草原自然美与人情美的熏陶、感染下,受到热爱祖国和民族团结的教育,培养学生爱美的情趣。

【教学重点】

1. 让学生通过语言文字展开想象,在脑海里再现课文所描述的生动情景。
2. 体会句子中暗含的意思,积累课文中优美的语言。

【教学难点】

体会文字所表达的草原的意境美,理解含义深刻的句子,感受蒙汉情深,理解民族感情。

【教学准备】

教师准备:多媒体课件(草原风光图、蒙古族音乐和民歌)
学生准备:预习课文

【教学过程】

一、创设情景,导入新课

师:同学们,今天老师特别高兴。知道为什么吗?因为我终于可以跟随语言大师老舍先生的笔触,去朝思暮想的草原看看了!老舍先生用他的一支笔,给我们"画"出了一幅最美丽的草原风情画。就让我们一起去好好品味,欣赏吧!

二、体会草原风光美

1. 欣赏。

播放音乐,图片,示范读

"这次,我看到了草原……轻轻流入云际。"

2. 说说自己的感受。(相机板书:景色美)

师:听着这优美的音乐,看到这一碧千里、牛羊成群的大草原,你们的心是不是和我一样已飞到辽阔无垠、风景如画的境界中了呢?

3. 那么草原的景美在哪?请同学们快点打开书,把你最喜欢的句子画下来,结合刚才欣赏的图片,边读边想,好好品味,说说你为什么喜欢它。

4. 你认为草原的哪儿是最美的?说说自己的感受,给大家读一读。

生自由汇报,师及时讨论点拨理解重点句子。(结合课件)

(1)在天底下,一碧千里,而并不茫茫。

师:这一碧千里让你感受到什么?(写出草原的辽阔、碧绿。)

目之所及,都是绿色的草原。近处是,远处也是。走一百五十里是绿色的草原,再走一百五十里还是绿色的草原。

(把这个词拉得长一点,就给人一眼望不到边的感觉。试试)

"茫茫"给人一种什么样的感觉?(空旷、苍茫)从哪看出并不"茫茫"?

是啊,一碧千里的草原,有小丘、白羊、骏马的点缀,怎么会显得空旷,苍茫呢!

(2)羊群一会儿上了小丘,一会儿又下来,走在哪里都像给无边的绿毯绣上了白色的大花。[羊群图]比喻的修辞方法,把什么比作什么?想象草原上羊群奔跑的样子,读。

(3)那些小丘的线条是那么柔美,就像只用绿色渲染、不用墨线勾勒的中国画那样,到处翠色欲流,轻轻流入云际。

[小丘图]与画图对比,解释"勾勒"与"渲染"。

"翠色欲流""轻轻流入云际"你感受到什么?

草儿绿极了,翠绿翠绿的,随着小丘的高低起伏,好像要流动了,一直绵延到天边。那么富有生机。(读)

(看板书)瞧,不愧是语言大师啊,不仅文字优美,描写顺序也是很有讲究的。从上到下,有静有动。

这么美的画面,让我们一起像老师开始那样,伴着轻柔的音乐,把你的感受美美地读出来吧!

(4)这种境界中,你都想做些什么?

师生合作读:

在这样的境界里,我想高歌一曲,表示我满心的愉快;

这种境界,既使人惊叹,又叫人舒服,既愿久立四望,又想坐下低吟一首奇丽的小诗。

在这境界里,连骏马和大牛都有时候静立不动,仿佛回味着草原的无限乐趣。

连牛羊也会回味了吗?寄情于景。作者把此时的感情都寄托在景物中。

三、感悟草原人热情

1. 刚才我们学的是初入蒙古草原,作者的感受。深入草原后,作者的感受又不一样了。课文里有一句话能概括我的感受,找。

2. 出示:蒙汉情深何忍别,天涯碧草话斜阳。

读。

3. 作者为什么会有这样的感受呢?(草原上的蒙古人很热情。)

出示:作者写了几个感人的场景?每个场景里,哪些词句可以看出那里的人很热情?为每个场景概括一个标题。

先自读自悟,然后小组讨论交流,老师参与同学们小组的活动。

4. 交流。

(1)盛装远迎。

忽然,像被一阵风吹来似的,远处的小丘上出现了一群马……车跟着马飞过小丘,看见了几座蒙古包。[文字图片]

①这段话描写了一个什么场景?

②哪些词句特别能表现草原人民的热情?

◇"像被一阵风吹来似的"——来得真快,表现了草原人民迎接远方客人的急切心情。

◇"像一条彩虹向我们飞来"——为什么用"彩虹"来比喻?(一是因为穿着各色的衣服,二是比喻一种热情。)

◇"立刻拨转马头,欢呼着,飞驰着……"——想象当时车与马相遇的情景,说说如果你在场,你会有什么感受?(热闹、热烈、热情)

蒙古族老乡身着节日盛装,策马疾驰,远迎来客。

(2)亲切相见部分。

也不知道是谁的手,总是热乎乎地握着,握住不散。握手再握手,笑了再笑。

①读句子,你看到了什么,听到了什么?

◇看到了不停地握手。

◇听到了不停地欢笑。

②通过朗读把当时的热情表现出来。

(3)热情款待部分。

A. 干部向我们敬酒,七十岁的老翁向我们敬酒。我们回敬,主人再举杯,我们再回敬。

①反复朗读这句话,体会其中洋溢的热情。

②想象大家在敬酒的时候会说些什么?

B.这时候,鄂温克姑娘戴着尖尖的帽子……我们同行的歌手也赶紧唱起来,歌声似乎比什么语言都更响亮,都更感人,不管唱的是什么,听者总会露出会心的微笑。

①有感情地朗读句子。

②会心的微笑:领会别人没有明白表达的意思,并以眼神、微笑与之交流。"会心的微笑"里包含着什么?(作者对蒙古族朋友的感谢,蒙古族朋友对汉族朋友的热烈欢迎。这是心与心的交流,正是各民族团结互助的表现。)

(4)尽情联欢部分。

你熟悉这些活动吗?(课件演示"套马"等游戏项目。)

香醇的奶酒、激跃的赛马、嘹亮的牧歌、狂欢的舞蹈,这是多么激动人心的场面呀!时间过得真快,在联欢的欢声笑语中,访问就要结束了,作者感受到草原的景色美,人更美。在斜阳下,怎么舍得分别?作者感叹:"蒙汉情深何忍别,天涯碧草话斜阳。"理解句子的意思,齐读。

5.出示。

"蒙汉情深何忍别,天涯碧草话斜阳。"

学到这里,你能理解作者描绘的情境和当时的感受吗?

①逐句逐字地理解:"何忍别"是指不忍别离;"天涯"是指蒙古族所住的地区,那已经是我国北部的边陲了,所以叫它天涯;"碧草"指一片绿色的大草原;"话斜阳"是指在夕阳中,在那天涯碧草之上,我们互相高兴地、亲切地交谈着。

②连起来说说这句话的意思:蒙古族和汉族两族人民情深似海,哪里忍心离别呢?所以到了夕阳已经西落了,仍然谈兴正浓。

6.总结全文。

"蒙汉情深何忍别,天涯碧草话斜阳。"在这优美的歌声中,我们要感谢草原,感谢亲如一家的民族情,它激发了老舍先生的写作激情。我国是一个多民族的大家庭,五十六个民族团结,亲如一家。

四、作业超市

1.摘抄本文里你喜欢的语句。

2.依照作者的写作方法,用一段话描写你熟悉的一处景物。

【学案评析】

《草原》是苏教版教材小学语文六年级上册第十六课。著名作家老舍先生以他亲身的经历和感受写下了《草原》这篇访问记。文章记叙了他第一次访问内蒙古草原时看到的美丽景色以及受到蒙古族同胞热情欢迎的情景。作者通过对草原景色美和人情美感受的不断加深这条明线,以及自己情感发展的暗线,表达了蒙古族人民和汉族人民的深情厚谊,充分体现出祖国是各族人民团结友爱的大家庭。

这篇课文的教学目标主要从文章的思想内容出发考虑,让学生感受草原的景色美、人情美,受到民族团结友爱情感的熏陶。教师一开始播放草原图片,让学生对草原有个直观感受,激发他们对草原的热爱,进而带着问题自读自悟,感悟草原美景。自读和交流后,进行全班交流,教师补充。在教学体会蒙汉两族人民之间的深情厚谊这一难点时,学生展开想象,感受"蒙汉情深何忍别,天涯碧草话斜阳"的美好意境。

(合肥市杏林小学　　刘洁)

教学课例 5　夕阳真美

【教学目标】

知识和能力

1. 能正确、流利、有感情地朗读课文。

2. 学会10个生字及5个只识不写的生字。认识一个偏旁,理解由生字组成的词语。

过程和方法

1. 通过不同形式的朗读,体会文章的大意及文字所传达的情感。

2. 从建构主义教学观出发,制订以学生为主体,教师为主导的教学方法,充分发挥孩子们潜在的学习能力,引导孩子们完成学习目标。

情感、态度、价值观

1. 理解课文内容,感受夕阳的美。

2. 培养学生欣赏美的健康情趣和热爱大自然的感情。

【教学重点】

本课的新字新词是教学重点。

【教学难点】

如何培养学生欣赏美的情趣和热爱大自然的感情是教学难点。

【学情分析】

1. 全文语言生动且优美,教学时可以引导学生观看课件,通过多种形式的朗读,自读自悟,感受夕阳西下的余晖美、夕阳西沉的云朵美以及夕阳隐没时的霞光美。

2. 低年级孩子对美好的事物有着自己独特的感受,在设计本课时我特意让孩子们观看夕阳相关的图片,给孩子们视觉上的强烈刺激,让孩子们更好地理解课文的内容。

3.由于现在的孩子们经常出门旅游,所以对写景的文章都很感兴趣,上课积极性特别高。

【课时安排】

两课时

【教学准备】

教师:绘画纸、油画棒、教学课件

学生:预习课文

【教学过程】

(一)创设情景　导入新课　(训练语言表达能力)

1.谈话引入:同学们,你们见过夕阳吗?夕阳什么样?

学生自由说说

2.看课件,听范读课文,初步感知夕阳的美。

3.夕阳美吗?(美!)今天我们一起来学习二十三课,师板书课题《夕阳真美》,生齐读。

(二)初读课文　理清文脉　(学生自学为主　教师引导为辅)

1.学生借助于拼音自由、大声地朗读课文。

自读要求:字字入目,看清拼音,读准字音,把句子读通顺;标出自然段,有不懂的地方,用"?"标出。

2.检查自学效果,老师相机指导。

(1)检查生字词的读音。

注意读准翘舌音:"壮、沉、涨"

后鼻音:"轻、傍、芒、壮、涨、更"

(2)检查课文段落是否读通读顺。

指名分段朗读课文——师生互评——齐读

(3)学生齐读课文。

3.自学生字。

课件出示:"傍、芒、蓝、伏、余、壮、慢"

(1)学生开火车读准字音。

(2)学生作小老师介绍自己识记生字的方法,并说说重要笔画。

(3)指导书写。

特别指出"壮"字是将字旁,书写时不要写成"北"的左半部分,右半部分是"士",不要写成"土"。

(4)学生描红,并展示写字效果。

(三)研读课文　剖析文意

1. 课件出示课文:谁来给大家读读自己最喜欢的小节?——生读。

听了同学们的朗读,老师觉得(点课件)——夕阳真美,让我们一起来赞美夕阳吧!

2. 看,夕阳西下,它挥着小手向我们告别呢!它是怎样向我们告别的呢?请小朋友打开书本读一读,找找夕阳是怎样向我们告别的?

谁来说说,夕阳是怎样向我们告别的?

根据回答,相机出示:西斜图、下沉图、落山图

小朋友仔细看看,有没有发现图上少了什么?(太阳)谁来把太阳画上?——指名一优秀学生上黑板画。(说说为什么这么画)

3. 师述:是呀,太阳正在逐渐往下落,你们知道吗?不仅太阳的位置发生了变化,它的脸也在变呢!请小朋友读读书,找找太阳的脸是怎么变的?

学生合作交流探究:(课件相机出示)

太阳已经西斜,收起了…………光芒。

太阳慢慢地…………………涨红了。

太阳的脸变的……………的背后。

请小朋友自由读读,谁来说说,太阳的脸是怎么变的?(越来越红)是呀,太阳的脸变得越来越红了。老师这有三支红色的蜡笔,颜色的深浅不一样,想想应该分别用哪支红笔画?——指名生画——其他的小朋友也有任务,请小朋友读读这上面三句话,想想他画得对不对?

指图:看,太阳的脸是越来越红了。谁能把这种感觉读出来?——指名生读。

4. 老师听出来了,太阳正在慢慢地西斜、下沉、落山。它向我们展示了三幅美景图。

小朋友,你最喜欢哪幅图?为什么?是呀,这三幅图各有千秋,让我们一幅一幅来欣赏吧!

5. 出示第一小节——师引读。

喜欢西斜这幅图的小朋友,伸出小手,跟着老师一起画一画这连绵起伏的西山吧。瞧,它们有的高,有的低,一座连着一座,这就是——连绵起伏——齐读——指名读。

引读:连绵起伏的西山披着夕阳的余晖,显得——十分壮丽——指读——齐读。

这么壮丽,听得我脸都发红了。谁能把连绵起伏的西山这句话连起来读给大家听?——指读——评议——边读边想象这连绵起伏的西山——再读

师叙述:天空一片深蓝,西山连绵起伏,多美呀!谁能把这段话连起来读读?——指读

让我们一起走进这深蓝的天空,走进这连绵起伏的西山去吧！——齐读

6.师范读第二小节,继续导下。

这段中你最喜欢哪里？——云的颜色,说说有哪几种颜色？——只有这几种颜色吗？——这么多的颜色,你是怎么知道的呀？它们都躲到哪儿去了？(……)——你能不能用一个词把这么多的颜色都说进去吗？(五颜六色、五彩缤纷、五彩斑斓……)

这么多的颜色真丰富呀！挤在一起多壮观呀！谁来读？

评议:(仿佛有许多颜色,仿佛看到了……)谁向他挑战？还有谁想读？觉得读得怎么样？(紫色拖得很长,好像看到了许许多多的颜色躲在背后)老师也想来读读了。——师读——生评——找学生跟老师比(各有所长,相互学习)

云的颜色五彩缤纷,谁想上来染一染？——指名生染

这么多的颜色挤在一起,多热闹呀！让我们一起走进这五彩缤纷的颜色中去吧！——齐读

7.师引读第三小节:——太阳把什么留在了遥远的天边？(灿烂的霞光)谁来读好它？——读得真好(点图片)——老师要奖给你一片灿烂的霞光——谁再来读？让我们一起来读好这片灿烂的霞光。(齐读)

小朋友,想亲自去看看夕阳吗？让我们披着夕阳的余晖,一起去看看吧！——放录像。

看了录像,你想说什么吗？

是呀,夕阳真美,让我们放开嗓子,用所有的热情赞美它吧！——夕阳真美呀！

8.小朋友,我们看了夕阳,觉得真美,课文中的爷爷奶奶看了夕阳,有什么反应？

爷爷为什么满面红光？

爷爷因为高兴而满面红光,爷爷牵着奶奶的手、牵着小孙孙的手,多开心,多幸福,多浪漫呀！你们也有爷爷奶奶,他们幸福吗？能说说爷爷奶奶的幸福事吗？

(四)课外拓展 升华中心

夕阳很美,幸福的生活更美,今天我们欣赏了夕阳的美景,其实大自然中有更多的美景,有机会小朋友可以和爷爷奶奶一起去欣赏这美丽的大自然！好,让我们一起和夕阳说再见吧！

【作业自选超市】

1.朗读课文。

2.背诵课文。

3.欣赏自然中的美景,试着描写下来。

【学案评析】

《夕阳真美》是一篇行文优美的写景散文,全文运用形象、生动的语言,描绘了夕阳西下的瑰丽景色,抒发了对美好大自然的热爱之情。课文共有5个自然段,语言生动形象,读来十分流畅。第一自然段是文章的开头主要告诉我们课文的大致内容;第二自然段写太阳西斜时的景色。第三自然段写夕阳下沉时云朵色彩的变化;第四自然段写夕阳落山后天边霞光的灿烂;第五自然段写爷爷赞美夕阳真美。课文的插图形象地反映了课文内容,供学生观察,帮助他们理解课文。全文给人"诗中有画,画中有诗"之感。教学时可以引导学生观看课件,通过多种形式的朗读、自读自悟,感受夕阳西下的余晖美、夕阳西沉的云朵美以及夕阳隐没时的霞光美。

(合肥市滁州路小学 梅喆)

第三章　数学先学后教课堂教学模式研究

引言　新课标下数学先学后教课堂教学模式的基本理念与要求

新一轮数学课程改革要求以学生发展为本，教师要从根本上转变传统的以教师为中心和以知识为重点的教学观，应更多地考虑学生的主动参与，让学生感受、理解知识产生和发展的过程，因而此轮数学课程改革的重心之一即要改善学生的数学学习方式。《全日制义务教育数学课程标准》（修订稿）中也将其列为改革的重要任务之一，其目标就是要培养学生自主学习能力、语言表达能力、团队协作能力和探索创新精神，促进学生全面发展。"先学后教"是20世纪90年代提出的一个新概念，倡导学生最大程度地亲历学习活动过程，随着课程改革的不断推进，先学后教的教学模式受到越来越多的关注，在数学课堂教学中，教师通过导学案或其他方式揭示学习目标，呈现学习内容和需要解决的问题，把教与学有机结合起来并使之相互促进。具体来说，第一个环节是"先学"：老师展示数学教学目标，学生在老师的指导下开展自学活动，完成后，做自测题，通过自学发现问题，老师在巡视、指导过程中生成新的教学目标。学生的学习过程与学习结果主要是通过板书与口头汇报的方式展示出来。第二个环节是"后教"：对自测题中的错误进行更正，主要方式是同学间互帮互助，小组讨论、合作交流；教师点拨，或精讲重难点，或指导学生应用所学解决生活中的实际问题。第三个环节是"学习评价"：主要通过当堂数学解题训练，化知识为技能，形成数学能力，检测本节课的学习效果。第四个环节是"学后反思"：通过对本节课所学数学知识、数学活动、情感体验等方面的回顾反思，进一步强化学习效果。总之，学生主体只有亲身经历数学活动过程，才能获得具有个性特征的感性认识、情感体验，以及数学意识、数学能力和数学素养，只有培养了学生数学学习的良好习惯，才可能逐步实现由"学会"到"会学"的转变，这才是数学教学的本质。

一、数学概念领域典型教学课例研究

数学概念是数学知识中最基本的内容，反映着人们对现实世界空间形式和数量关系丰富而深刻的认识。数学概念学案是以学生的学为出发点，帮助和引导学生经历数学概念的形成过程，理解概念的本质，构建数学概念体系，形成概念应用的基本活动经验的学习方案。具体包括以下内容：(1)引入概念。由于数学概念的类型不同，它们的有效学习方式也不同。一般认为，学习数学概念的基本方式有两种：概念形成和概念同化。概念形成是从大量具体的例子出发，从学生实际经验的肯定例证中，以归纳的方法概括出一类事物的本质属性的过程。它是一种从具体到抽象、从个别到一般的过程，是逐步归纳、概括的过程。概念同化是指学生在学习概念时，利用已有知识与原有知识结构中有关概念的相互联系，相互作用，从而掌握概念的方式。(2)掌握概念的本质。学习数学概念的目的是为了真正意义上获取数学概念，也就是掌握概念的内涵和外延，主要通过抽象化、形象化的手段来掌握概念的内涵，廓清概念的外延，获得概念。(3)建立相关概念间的联系。在明确概念之后，我们还必须引导学生积极思考，及时建立起相关概念的联系，明确概念之间的关系，从而把新概念纳入概念体系中。(4)概念的应用。概念的获取需要一个应用概念的过程，利用所学新概念解决数学问题，在应用中形成对概念的感性认识、情感体验和应用意识。

二、数学命题领域典型教学课例研究

数学课程中表示概念具有某种性质或概念之间具有某种关系的判断叫作数学命题。数学命题记录和反映了人类对客观世界数量关系和空间形式方面的规律性认识，它们是数学学科知识重要的组成部分。命题学习是指发现命题和理解命题语句所表达的意义，在数学中主要是指公理、定理、公式的学习。数学命题的学习可以分为发现学习和接受学习。命题学习学案是以学生的学为出发点，引导和帮助学生在经历命题学习的过程中，获得命题的内容及其意义，掌握命题的条件与结论之间的逻辑关系，以及与其他命题之间的关系，形成应用的技能与基本活动经验的学习方案。具体内容包括：(1)命题的引入。学案中要充分体现命题的发现过程，要让学生经历观察、猜想、归纳的思维过程，积累活动经验。(2)定理(公式)的证明。定理(公式)的证明是定理的重要组成部分，是定理教学的重点，也是整个中学数学教学的重点之一。许多定理的证明方法本身就是重要的数学方法，所以定理的证明不仅是得出结论的手段，也是学生学习的重要内容。定理证明的教学还是学生学习思维方法、发展思维能力、培养良好的思维品质和思维习惯最为重要的过程。(3)命题间的相互联系。当学生学习完新的命题后，和概念学习一样，必须逐步建立新命题与已知有关公理、定理、公式间的联系，逐步教会学生把已学过的定理、公式系统化。因为只有使数学命题系统化，才能更清楚地看出它们的来龙去脉、地位作用，才能深入掌握，牢固记忆。我们可以按命题间的逻辑关系来整理。(4)命题的应用。数学公理、定理、公式、法则的真正掌握只有在实际应用中才能逐步完成。中学数学课本中，定理、公式之后都配有例题和习题,教师在设计命题应用时,需要特别重视例题的设计和练习的设计,要善于组织和应用这些材料,数量适中,遵循由易到难、由简单到复杂、由单一到综合、由无干扰到有干扰的原则,在题型设计上还应包括综合题、应用题、探索性问题、创造性问题、开放性问题。学生最终通过解题训练,进一步加深对知识的理解,积累方法与经验,提高思维水平,发展分析和论证能力。

三、数学问题解决领域典型教学课例研究

问题是数学的心脏,解决问题是数学教学的核心内容,是数学知识和技能学习的延伸,是一种高级形式的学习活动。"数学解题活动主要是利用认知结构对抽象的形式化思想材料进行加工的过程,是数学符号及数学命题在人的大脑里的内部操作过程,也就是一种数学的思维活动。"[①]数学问题解决学案是以学生的学为出发点,引导帮助学生通过有效的解题活动学会如何解题的学习方案。具体内容包括:(1)引导学生弄清问题,理解题意。数学问题解决教学的第一步就是要引导学生认真审题、分清题目的已知条件和求解目标,弄清题目的结构、特征、类型等,这是解题的起点,是能正确解题的先决条件。因此,在解题教学中,教师首先应强调审题的重要性,要采取切实有效的措施培养学生认真审题的习惯。(2)启发学生思维,探索解决问题的途径。探索解决问题的途径就是在审题的基础上,寻求条件和结论之间的关系,通过类比、联想、化归、猜想、检验等思维活动探寻到解题方法,这一过程是解题中最为重要的一环,也是数学问题解决教学的关键环节。(3)解题方案的实施。解题方案的实施是指将所探索的解题思路制订成详细的假设方案,然后进行严格的推理证明、计算或者反驳假设,直到确定解决方法,实现求解目标为止。在这一阶段,教师要引导学生选择恰当的解决问题叙述方法,应力求简单明确,能够完整地反映问题的解答过程。(4)组织开展解题反思的活动。解题反思是提高学生解题能力的关键环节,也是日常教学中最薄弱的环节。事实上,只有学生自己去领悟才能对知识获得真正意义上的理解,而领悟就必须经历反思的过程。反思环节就是对解题过程进行整理,对其中涉及的基础知识、数学思想方法进行归纳总结,对不同的解题思路进行比较,并思考优化、改进解题过程,是数学学习过程中的一个再概括环节。

☞ **教学课例1 代数式**

【学习内容与学情分析】

代数式一节是学生从数到学会用字母表示数的一堂衔接课、转折课,开始比

---

① 涂荣豹、王光明、宁连华:《新编数学教学论》,上海:华东师范大学出版社,2006年,第118页。

较系统地认识用字母表示数,并把数量或数量关系明确表达出来,体现了由特殊到一般的数学抽象,也意味着思维方法的飞跃。在此之前,学生对有理数及有理数的运算有了一定的基础,初步体会字母表示数的意义,并且学生从小学开始就已经和字母有了接触,通过本节课的学习,能使学生逐步理解代数式学习的意义,逐步完成数与式的一个认知飞跃,使学生充分体会代数式在实际生活中的应用价值。

【学习目标】

1.理解代数式的概念,能说出一个代数式所表示的数量关系。能够把与数量相关的简单词语用代数式表示出来。

2.在具体情境中,进一步理解字母表示数的意义。能理解一些简单代数式的实际背景或几何意义,发展符号感,在具体情境中,能求出代数式的值,并理解它的实际意义。

3.初步培养学生观察、分析及抽象思维的能力。

【学习重点】

能够把与数量相关的简单词语用代数式表示出来。

【学习难点】

理解一些代数式的实际背景或几何意义。

【学习过程】

一、学习准备

1.预习指导

(1)用8—10分钟阅读教材相关内容并独立完成预习指导问题;

(2)用5分钟结对子讨论交流;

(3)用5分钟展示存疑问题,教师予以点拨(预时15分钟),同学们,行动起来吧!

2.回顾旧知

在前面我们曾学过下面几种运算律,请用字母表示它们:

(1)乘法的交换律:_____;

(2)乘法的结合律:_____;

(3)乘法对加法的分配律:_____。

从中可以发现:

(1)"×"也可以写成"_____"或者"_____",但数与数之间相乘,一般仍用"×";

(2)上面各种运算律中,所用到的字母 a,b,c,都是表示数的字母,它代表_____。

二、教材助读

请同学们预习教材第81～82页的内容,独立完成下列各题:

1. 代数式中不能含有_____号或_____号;单独的一个数字或字母_____代数式(填"是"或"不是")。

2. 代数式 $10x+5y$,还可以表示什么?

三、课内探究

学法指导:

(1)独立完成课内探究部分;

(2)同层次的学生对学,解决自学时遇到的疑难问题;

(3)如有疑难问题交小组讨论,最后由小组长决定展示方式;

(4)展示、点评、补充、总结。预时15—20分钟。

探究点一:代数式的概念及意义

1. 指出下列各式中哪些是代数式,哪些不是代数式?

(1)$3x+1$ (2)$a=2$ (3)π (4)$S=\pi R^2$ (5)$8>7$

(点拨:判断是不是代数式,关键是了解代数式的概念。知道单独一个数或字母也是代数式,并且代数式中不含等号或不等号。)

2. 说出下列代数式的意义。

(1)$2a+3$ (2)$2(a+3)$ (3)a^2+b^2 (4)$(a+b)^2$

(点拨:对于代数式的意义,具体说法没有统一规定,以简明而不引起歧义为出发点。如第(1)小题也可以说成"a 的2倍加上3"或"a 的2倍与3的和"等。)

探究点二:列代数式及求值

1. 根据下列语句列代数式。

(1)a 与 b 的和的 $\frac{3}{5}$ (2)a 与 b 的 $\frac{3}{5}$ 的和

(点拨:列代数式时有下列情况要注意:(1)代数式中出现除法运算时,需用分数表示,如 $ab \div 2$ 应写为 $\frac{ab}{2}$;(2)和、差形式的代数式,若后面有单位,必须用括号把代数式括起来。如温度为 t℃,下降 $(t-2)$℃。)

2. 某市的出租车收费标准为:起步价8元,3km后每千米加1.4元,则某人乘出租车走了 $x$km,应付费多少元? 若 $x=8$,应付费多少元? $x=2$,应付费多少元?

四、当堂检测

独立自主完成,完成之后对子之间互相批改补充,组长检查统计本组错误,较难之处本组解决。预时10～15分钟。

1. 小丁期中考试考了 a 分,之后他继续努力,期末考试比期中考试提高了 $b\%$,小丁期末考试考了_____分。

2. 人的头发平均每月可长 1cm,如果小红现在的头发长为 $a$cm,两个月不理发,她的头发长为_____cm。

3. 用语言叙述下列代数式的意义。

 (1) $3a+b$ 表示_____;

 (2) a^2-b^2 表示_____;

 (3) $(a-b)^2$ 表示_____;

 (4) $x-\dfrac{1}{y}$ 表示_____。

4. 设甲数为 x,乙数为 y,用代数式表示。

 (1) 甲、乙两数的差除以两数的积_____;

 (2) 甲数的立方与乙数的 3 倍的和_____;

 (3) 甲数除乙数的商与乙数平方的差_____;

 (4) 甲数与乙数差的立方的一半_____。

5. 下列不是代数式的是( )

 A. $(x+y)(x-y)$ B. $c=0$

 C. $m+n$ D. $999n+99m$

6. 如果甲数为 x,甲数是乙数的 3 倍,则乙数为( )

 A. $3x$ B. $\dfrac{x}{3}$

 C. $x+3$ D. $x+\dfrac{1}{3}$

7. 三个连续的奇数,若中间一个为 $2n+1$,则最小的、最大的分别是( )

 A. $2n-1, 2n+1$ B. $2n+1, 2n+3$

 C. $2n-1, 2n+3$ D. $2n-1, 3n+1$

8. 若数 b 增加 $x\%$ 后得到 c,则 c 为( )

 A. $b\%$ B. $b(1+x\%)$

 C. $b+x\%$ D. $b(1+x)\%$

9. 某种商品进价为 a 元,商店将价格提高 30% 作零售价销售,在销售旺季过后,商店又以八折的价格开展促销活动,这时该商品的售价为( )

 A. a 元   B. $0.8a$ 元   C. $1.04a$ 元   D. $0.92a$ 元

10. 一种树苗的高度与生长年数之间的关系如下表(树苗原高是 100cm):

生长年数 a	树苗高度 h/cm
1	115
2	130
3	145
4	

(1)填出第 4 年树苗可能达到的高度;

(2)请用含 a 的代数式表示高度 h;

(3)用你得到的代数式求 10 年后树苗可能达到的高度。

五、课后反思

1. 这节课我学到了什么知识?

2. 我感受到什么?

3. 我还存在什么疑惑?

【学案评析】

本节课是一节概念课,概念的建构应该是多元的,但无论采用何种方式建构新的知识,都要关注课堂上的一些显性因素和课堂教学的内在因素,以教材为"生长点",以学生为主体,自我探索、发现、交流,对数学新知的学习保持良好、积极的情感体验,提升求知欲和探索欲。本学案设计首先从方法上对学生进行课堂学习指导,并通过相关知识的回顾为新知识的学习作准备,设计的主体部分为课内探究,设置关于代数式的概念及意义、列代数式和求值两个探究点,抓住本节重点,并通过"点金"环节帮助学生突破难点。同时在探究环节开展了多样的组织形式,通过自学、互问、小组交流、展示、点评等方式,拓展了学生的思维,培养了学生正确运用数学语言进行表达和交流的能力,也进一步丰富了学生的学习体验。但必须注意,代数式一节要充分利用实际背景,让学生经历符号化的过程,从而帮助学生实现从语言到代数式、从代数式到语言的转化。本设计中已经注意到这一点,但重视程度略显不够。

(安徽省宿州市西寺坡镇中心学校 方芳)

教学课例 2 一次函数图像的应用(1)

【学习内容与学情分析】

一次函数的图像和性质在现实生活中有着广泛的应用。利用一次函数的图形解决有关现实问题是本节要解决的一个重要问题。通过对本节课图像信息的识别与分析知识的学习,提高学生的识图能力,进一步培养学生的数形结合能力和数学应用能力,发展形象思维。学生已学习了一次函数及其图像,认识了一次函数的性质,在现实生活中也见识过大量的函数图像,所以具备从函数图像中获取信息,并借助于这些信息分析问题、解决问题的基础。但由于初中学生的年龄特点,他们认识事物还不够全面、系统,所以还需通过具体实例来培养他们这方面的能力。

【学习目标】

1.通过函数图像获取信息,发展形象思维,培养学生的数形结合意识。

2.能够将实际问题转化为一次函数的问题,能够根据实际意义准确列出解析式并画出函数图像。

3.通过利用一次函数解决实际问题的过程,使学生数学抽象思维能力得到发展,体验到数学与生活的联系。

【学习重点】

能够将实际问题转化为一次函数的问题。

【学习难点】

根据实际意义准确地画出函数图像。

【学习过程】

一、学前准备

知识回顾:在前几节课里,我们通过从生活中的实际问题情景出发,分别学习了一次函数、一次函数的图像、一次函数图像的性质,对一次函数在现实生活中的广泛应用有了一定的了解。怎样应用一次函数的图像和性质来解决现实生活中的实际问题,是我们这节课的主要内容。首先,想一想一次函数具有什么性质?

二、初步探究

由于持续高温和连日无雨,某水库的蓄水量随着时间的增加而减少,干旱持续时间 t(天)与蓄水量 V(万米^3)的关系如下图所示,回答下列问题:

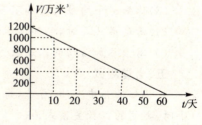

①干旱持续 10 天,蓄水量为多少?连续干旱 23 天呢?

②蓄水量小于 400 万米^3 时,将发生严重干旱警报。干旱多少天后将发出严重干旱警报?

③按照这个规律,预计持续干旱多少天水库将干涸?

(根据图像回答问题,先独立思考,有困难的组员可互相交流。)

三、深入探究

全国每年都有大量土地被沙漠吞没,改造沙漠,保护土地资源已经成为一项十分紧迫的任务,某地区现有土地面积100万千米², 沙漠面积200万千米², 土地沙漠化的变化情况如右图所示。

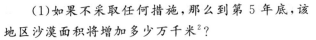

(1)如果不采取任何措施,那么到第5年底,该地区沙漠面积将增加多少万千米²？

(2)如果该地区沙漠面积继续按此趋势扩大,那么从现在开始,第几年底后,该地区将丧失土地资源？

(3)如果从现在开始采取植树造林措施,每年改造4万千米²沙漠,那么到第几年底,该地区的沙漠面积能减少到176万千米²。

(点拨:看函数图像时首先要看清坐标轴的名称和单位,其次要理解关键点的实际意义。)

四、反馈练习

当得知周边地区的干旱情况后,育才学校的小明意识到节约用水的重要性,当天在班上倡议节约用水,得到全班同学乃至全校师生的积极响应,从宣传活动开始,假设每天参加该活动的家庭数增加数量相同,最后全校师生都参加了活动,并且参加该活动的家庭数 S(户)与活动时间 t(天)的函数关系如图所示。

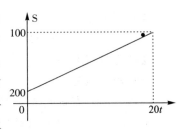

根据图像回答下列问题:

(1)活动开始当天,全校有多少户家庭参加了该活动？

(2)全校师生共有多少户？该活动持续了几天？

(3)你知道平均每天增加了多少户？

(4)活动第几天时,参加该活动的家庭数达到800户？

(5)写出参加活动的家庭数 S 与活动时间 t 之间的函数关系式。

五、当堂测试

1. 已知油箱中有油25升,每小时耗油5升,则剩油量 P(升)与耗油时间 t(小时)之间的函数关系式为(　　)

A. $P=25+5t$　　　　B. $P=25-5t$

C. $P=\dfrac{25}{t}$　　　　D. $P=5t-25$

2. 某市自来水公司年度利润表如图,观察该图表可知,下列四个说法中错误的是(　　)

A. 1996年的利润比1995年的利润增长

—2173.33 万元

B. 1997 年的利润比 1996 年的利润增长 5679.03 万元

C. 1998 年的利润比 1997 年的利润增长 315.51 万元

D. 1999 年的利润比 1998 年的利润增长 —7706.77 万元

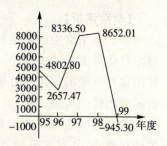

3. 长沙向北京打长途电话,设通话时间 x(分),需付电话费 y(元),通话 3 分钟以内话费为 3.6 元。请你根据如图所示的 y 随 x 变化的图像,找出通话 5 分钟需付电话费_____元。

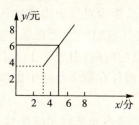

第 3 题图

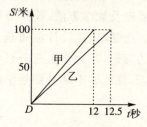

第 4 题图

4. 假定甲、乙两人在一次赛跑中,路程 S 与时间 t 的关系如图所示,那么可以知道:这是一次_____米赛跑;甲、乙两人中先到达终点的是_____;乙在这次赛跑中的速度为_____米/秒。

5. 北京到天津的低速公路约为 240 千米,骑自行车以每小时 20 千米匀速从北京出发,t 小时后离天津 S 千米。

(1) 写出 S 与 t 之间的函数关系式;

(2) 画出这个函数的图像;

(3) 回答:①8 小时后距天津多远?②出发后几小时,到两地距离相等?

六、课外探究

在生活中,你还遇到过哪些可以用一次函数关系来表示的实际问题?选择你感兴趣的问题,编制一道数学题与同学交流。

七、我的收获

本节课你有哪些收获?

(大家畅所欲言,相互补充,从中感知、体会一次函数的图像在生活中的应用。)

八、我的反思:_____。

【学案评析】

本学案是典型的数学解题学案,问题是核心,而引导学生学会解题、掌握思想才是学习本质。设计中,通过对上节课学习内容的回顾,为进一步研究一次函数图像和性质的应用作好铺垫。在初次探究环节,通过生动的现实情景引入一次函数图像的应用,目的是培养学生的识图能力。在深入探究环节,通过土地沙漠化问题的引入进一步培养学生的识图能力,让学生从图像中获取信息,建立相关的代数式,从而求解较复杂的问题,并且逐渐掌握观察与分析函数图像的方法。同时,通过土地沙漠化的问题情景引导学生关注自己身边的生存环境。通过创设情境,让学生进一步认识一次函数图像的应用,倡导节约用水。通过练习检验学生对已学内容是否掌握。最后设置小结和反思环节引导学生自己总结本节课的知识要点及数学方法,使本节课知识系统化,学生对知识由感性认识上升为理性认识。选题时,本设计注重选用有梯度、且具有现实生活背景、与学生生活密切相关的问题,并给学生充分思考、讨论、交流的时间,引导学生从不同的角度思考问题,不仅让学生体会到数学的广泛运用,而且在数学教学中也渗透着德育教育。

(安徽省宿州市西寺坡镇中心学校 从超)

教学课例3 探索规律

【学习内容与学情分析】

本节内容选择现实生活和数学计算中常见的、学生熟悉的研究内容,规律的发现也相对比较容易,学生完全可以通过"做数学"开展独立探索或小组合作学习完成学习任务。内容具有较强的趣味性、挑战性和探索性,是一节能够较好地培养学生数学兴趣和爱好的数学活动课,更是一节培养学生学会研究数学问题的探究课。本节"探索规律"是在学生学习了"用字母表示数""列代数式""去括号""合并同类项"等知识的基础上进行的,学生通过前几节知识的学习,已经具备初步的语言表达能力及符号表示能力,"探索规律"既是对前面所学知识的综合应用,也是对这些知识的拓展与延伸,对学生体会数学建模具有重要作用。

【学习目标】

1. 经历探索数量关系,运用符号表示规律。通过运算验证规律的过程,拥有一定的解决问题、课题研究、社会调查的经验。

2. 会用代数式表示简单问题中的数量关系,能用合并同类项、去括号等法则验证所探索的规律。

3. 培养面对挑战勇于克服困难的意志,鼓励我们大胆尝试,从中获得成功的体验,激发学习热情。

【学习重点】
用代数式表示简单问题中的数量关系。
【学习难点】
用代数式正确地表示实际问题中蕴含的数学规律。
【学习过程】
一、学习准备
1. 学习指导
(1)用8~10分钟阅读教材相关内容并独立完成预习指导问题；
(2)用3分钟结对子讨论交流；
(3)用5分钟展示存疑问题,教师予以点拨(预时15分钟)。同学们,行动起来吧！
2. 温习旧知
(1)一年有_____个月,大月有_____天,小月有_____天,平年2月有_____天,闰年2月有_____天,一个星期有_____天。
(2)日历中,横排后一个数比前一个数多_____,竖列下一个数比上一个数多_____。

二、教材助读
请同学们预习教材P98的内容,独立完成下列各题。
1. 教材第98页(1)中9个数字之和是_____,正中间的数是_____,因此该方框中9个数字之和是正中间的数的_____倍。
2. 根据上面的规律,如果设中间的一个数是a,则这9个数的和是_____。
3. 预习自测,观察$\frac{5}{3}$、$\frac{7}{5}$、$\frac{9}{7}$、$\frac{11}{9}$……第几个数是(　　)。

A. $\frac{2n-1}{2n+1}$ 　　B. $\frac{2n+1}{2n-1}$ 　　C. $\frac{2n+3}{2n+1}$ 　　D. $\frac{2n+1}{2n+3}$

三、课内探索
学法指导：
(1)独立完成课内探究部分；
(2)同层次的学生对学,解决自学时遇到的疑难问题；
(3)如有疑难问题交小组讨论,最后由小组长决定展示方式；
(4)展示、点评、补充、总结。预时15~20分钟。

探究点：探索规律的方法
1. 将一张普通的报纸(面积为1)对折,可得到一条折痕,继续对折,对折时

每次折痕与上次的折痕保持平行,请填写下表:

(1)对折次数与所得单层面积的变化关系表。

对折次数	1	2	3	4	…	n
单层面积					…	

(2)对折次数与所得层数的变化关系表。

对折次数	1	2	3	4	…	n
所得层数					…	

(3)平行对折次数与所得折痕数的变化关系表。

对折次数	1	2	3	4	…	n
所得折痕数					…	

点金:探索规律就是一种观察、归纳、猜想、验证的过程,是一个创新意识的培养过程,体现了从特殊到一般的数学思想。

观察是解决问题的先导,观察活动包括:

(1)数与式的特征观察;

(2)几何图形的结构观察;

(3)由简单的、少量的特殊情况的观察,推广到一般情况。

2.观察下列等式。

(1)$3^2-1^2=8=8\times1$

(2)$5^2-3^2=16=8\times2$

(3)$7^2-5^2=24=8\times3$

(4)$9^2-7^2=32=8\times4$

请写出第8个式子_____,第19个式子_____。

四、当堂检测

1.按规律填空,并用字母表示一般规律。

(1)2,4,6,8,_____,12,14,…

(2)2,4,8,_____,32,64,…

(3)1,3,7,_____,31,…

2.观察下列等式。

$2=2=1\times2$

$2+4=6=2\times3$

$2+4+6=12=3\times4$

$2+4+6+8=20=4\times5$

……

(1)可以猜想,从 2 开始到第 n(n 为自然数)个连续偶数的和是_____。
(2)从 2 开始到第 10 个连续偶数的和是_____。

3.观察下列等式:$\frac{2}{1}\times 2=\frac{2}{1}+2,\frac{3}{2}\times 3=\frac{3}{2}+3,\frac{4}{3}\times 4=\frac{4}{3}+4,\cdots$,设 n 为自然数,则第 n 个式子为_____。

4.已知平面内任意三个点都不在同一直线上,经过其中任意两点画直线。
(1)若平面内有三个点,一共可以画几条直线?
(2)若平面内有四个点,一共可以画几条直线?
(3)若平面内有五个点,一共可以画几条直线?
(4)若平面内有 n 个点,一共可以画几条直线?

5.第 98 页:随练

6.第 99 页:问题解决 2

五、课堂反思

1.这节课我学到了什么知识?

2.我感受到了什么?

3.还存在什么疑惑呢?

【学案评析】

　　本学案属于解题学习类型中运用已学知识解决实际背景的问题,即我们常说的解应用题。设计的整个教学过程,就是学生用语言、符号、字母表示规律的过程,实际上就是学生经历创新思维的过程。首先以学生熟知的生活问题为引子,让学生初识运用代数式表示简单问题中的数量关系,在课内探索环节,帮助学生明确探究的主题,为学生经历"探索规律"的活动过程提供一个有趣的背景——折纸,以此来激发学生的学习兴趣,再通过对折纸次数、所得单层面积、层数、折痕数的观察与分析,从不同角度加以思考,动手实践与合作交流,运用字母表示数、代数式、代数式的值等知识去探索其中的变化规律。学生在经历符号化的过程后,进一步体会用字母表示数和用代数式表示规律的含义、方法,进一步体会"从特殊到一般,再到特殊"的辩证思想。同时让学生尝试探索成功的快乐,以此激发学生探索规律的兴趣,增强他们的学习信心。此外,在学案中还设置"点金"环节,让学生在完成探索之后,即时对探索规律进行反思与总结,进而体会数学思想。最后在当堂检测中精选难易适度的习题,让学生进一步掌握"探索数量关系,运用符号表示规律,通过验算验证规律"的方法和技能,培养学生从生活中发现数学问题的意识和用数学方法解决生活问题的能力。

(安徽省宿州市西寺坡镇中心学校　程秀林)

教学课例 4　射线、直线和角的认识

【教学内容】

苏教版四年级数学上册第 8 单元 77~78 页例 1、例 2；81 页练习十三 1、2 题。

【教材分析】

本课主要是引导学生联系具体的生活现象初步感知射线的特点，并通过画一画、比一比、想一想等活动，认识射线和直线的特征，了解线段、射线和直线之间的联系与区别，知道两点间的距离。再让学生结合画角的过程体会角的特征，理解角是由从一点引出的两条射线所组成的图形。

【学情分析】

这部分内容主要是认识射线、直线，认识角，这是在学生已经初步认识线段和角的基础上教学的，也是学生进一步学习角的分类，认识垂线、平行线的基础。角的认识是在二年级初步认识角的基础上，进一步明确角的概念，了解角的特点。

【教学目标】

1. 在认识线段的基础上，学生进一步认识射线和直线，知道三者之间的联系和区别。

2. 认识角的特征，知道角的符号，会用符号表示角。

3. 理解射线和角的关系。

4. 培养学生动手操作的能力和初步的空间观念。

5. 学生积极主动地参与学习活动，获得成功体验，感受数学的价值，增强学好数学的信心。

【教学重点】

区别线段、射线和直线；理解角的含义。

【教具准备】

直尺、三角尺、木条作的角。

【教学过程】

一、明确自学重点

幻灯片出示：认识射线、直线的特点，理解角的含义。（直接出示，谈话导入，时间 2 分钟）

二、围绕重点自学

出示自学任务：

(1) 自学书 77 页例 1，认识射线、直线的特点，说说线段、射线、直线的异同点。

(2)知道两点间的距离,完成书 77 页试一试。

(3)自学书 78 页例 2,认识角的含义,通过画一画、指一指标出角的各部分名称。

(学生自学,教师巡视,重点指导学生比较线段、射线、直线的异同点。时间 10 分钟)

学习单:

1.什么是射线?_____,像_____可以近似地看作射线,射线有_____个端点。

2.什么是直线?_____,像_____可以近似地看作直线,直线有_____个端点。

3.线段、射线、直线的异同点。

三、交流自学情况

1.小组讨论:围绕自学任务,小组交流讨论出结果。重点说说射线、直线的含义,比较线段、射线、直线的特点。量出两点间的距离。认识角的含义。

(在小组讨论时,教师巡视,发现学生遇到的问题,并在全班交流。时间 10 分钟)

2.全班交流:哪个小组汇报一下你们小组的收获?(时间 3 分钟)

四、点拨自学得失

通过幻灯片演示,师总结:通过自学和交流讨论,我们知道把线段的一端无限延长就得到一条射线,把线段的两端无限延长就得到一条直线。线段有两个端点,射线只有一个端点,直线没有端点。线段是有限长的,可以量出长短,射线和直线都是无限长的。连接两点的线段的长度叫作两点间的距离,两点间线段最短。从一点引出的两条射线可以组成角,用"∠"表示。

五、巩固自学成果

1.个人巩固(7 分钟)

完成练习:必做题——课本第 78 页"练一练"第 1、2、3、4 题。

选做题——课本第 81 页练习十三第 1、2、3 题。

名称	图形	不同点		相同点
		端点	长度	
线段				
射线				
直线				

2.小组讨论(8 分钟)

由组长负责,逐一讨论交流。教师巡视、指导。

全班总结交流。（3分钟）

根据学生练习的实际情况，有选择性地进行交流。

【学案评析】

  本节课是一节"引导自学型"课堂教学模式，整节课都由学生自学、小组合作讨论，虽放手较多，但是整节课自学任务明确、小组交流有效，特别是在学习单的处理上，用表格的形式对线段、射线、直线的特点加以归纳整理，突出了三种线之间的联系，加深了学生对线段、射线、直线的概念的理解。同时教给学生一定的学习方法，培养了学生的学习能力。在学习角的概念时，放手让学生由一点起画出两条射线，并通过交流，揭示角的概念，有利于学生建立正确的表象，形成角的概念。纵观整节课，教师的角色从知识的传授者转变为学生学习的助手和适时点拨者，小组长成为每组学习的组织者、引导者，真正作到了让每个学生成为学习的主人。

（合肥杏林小学　陈琪）

第四章 英语先学后教课堂教学模式研究

引言 新课标下英语先学后教课堂教学模式的基本理念与要求

先学后教课堂教学模式以建构主义学习理论为基础,强调学习是学习者积极参与教学的过程,是学习者在积累和不断反思中主动建构知识的过程。该模式以学生为中心,促使学生发挥潜能,使他们学会学习。这种模式要求教师首先揭示教学目标,再指导学生自学,等学生暴露所存在的问题后及时帮助他们解决问题,最后针对问题进行训练以形成能力。在这种教学模式中,教师不仅要调动学生的学习积极性,还应对学生的自学内容、时间、方法等作出精心设计和安排。在运用该模式时,教师和学生都要遵循一定的步骤,教师要布置明确的预习提纲,利用学生的预习成果开展教学活动,并针对课堂中的问题及时设计教学任务,以保证学生的课堂训练;学生也要积极配合教师,主动思考,并及时反馈。

先学后教课堂教学模式有利于培养学生的自学能力,凡是学生能自己解决的问题,要让他们自己去独立解决;凡是他们自己不能独立解决的问题,则由教师启发、引导,组织大家一起解决。这种模式不仅解决学生的问题,也提高了学生的能力,达到"教师少教、学生多学"的理想效果。

当前,互联网的普及和计算机技术在教育领域的应用,可以说给先学后教课堂教学模式添上了翅膀,使这一教学模式变得更为便捷和有效。学生可以通过互联网去使用优质的教育资源,不再单纯地依赖授课老师去获取知识。而课堂和教师的角色则发生了变化,教师的职责主要是引导学生自己去发现问题和解决问题,从而培养学生的学习能力。

毋庸置疑,先学后教课堂教学模式对教师来说,是个极大的挑战。在具体的教学过程中,教师不可能预先设定学生先学存在的所有问题,而学生在参与性学习中的各种即兴表现和自由发挥更是教师所难以预料的。但是,正是这种开放性真实展现了教学过程中本应存在的生动性、复杂性、挑战性和生成性。同时,先学后教课堂教学模式因学情、课程内容等的不同而有不同的呈现方式,以下课例从不同方面展示了先学后教课堂教学模式下听、说、读、写等方面的教学过程,风格不同,各有侧重。

教学课例 1 LOOKING AROUND

Lesson 2 Dialog Practice \ Actions 外研版四年级(上)

【学习内容与学情分析】

本单元选自外研版小学英语 Book3 Unit2 Lesson2,教学主题为 Looking Around。在第一课时中,学生学习了生活中常见交通工具的名称,第二课时中将继续深入学习如何询问别人"How do you go to _____? By _____/On foot"这一问答句型。这一句型与实际生活联系密切,学生有话可说。所以在教学设计中,我注意贯彻新课标理念,将英语教学与实际生活相结合,运用多种教学手段和教学方法,激发小学生学习英语的兴趣与愿望,注重语言的大量输入与输出,让学生在真实的语言情境中联系和运用本节课的重点句型。

【学生分析】

本节课的教学对象为刚刚接触英语一年的四年级学生,如何让他们继续保持对英语持久的兴趣是关键。他们喜爱游戏、比赛、歌曲等轻松的学习方法,因此在教学中要时时尊重他们的主体性,关注各个层次的学生,注意评价的多样性与有效性,发挥他们的学习主体性,以达到学以致用的目的。

【学习内容】

Ⅰ. Content of the teaching

Dialogues: How do you go home? By car/_____.

How do you go home? On foot.

Goodbye. See you later.

Actions: come here, look left, look right, cross the street.

【学习目标】

Ⅱ. Aim of the teaching

Knowledge and cognitive aims:

(1) Try our best to make the pupils understand and make dialogues by using the sentences "How do you go home? By car/_____. On foot. Goodbye. See you later." Make sure that most of the pupils can use them in real situations.

(2) The pupils can understand and do the four actions.

Ability aims:

To train the pupils' abilities of listening and speaking.

To develop the pupils' ability of using the sentences appropriately in real situation. Such as "How do you go...? By _____. /On foot."

To foster the pupils' abilities of co-operation and communication.

Emotional aims:

To tell the pupils that we must obey the traffic rules and take great care of our lives!

【学习重点】

Ⅲ. Key points of this lesson

Make sure that most of the students can communicate with others by using the sentence patterns. e. g.

A：Time to go home! Let's go!

B：OK! Let's go!

I go home by _____/on foot.

How do you go home?

A：By _____/On foot. Goodbye!

B：See you later!

【学习难点】

Ⅳ. Difficult points of this lesson

Expand the sentences. Help the pupils use another sentences. e. g.

How do you go to Beijing/...?

By plane/train/ship...

【学习方法】

Ⅴ. Teaching Methods

Communicative approach

Situational approach

Total physical response

【学习教具】

Ⅵ. Teaching aids

CAI cards stickers

【板书设计】

Ⅶ. Blackboard design

Ⅷ. Teaching Process

【学习过程】

Step1. Warm-up

Greetings

T: Hello! My name is Nie Ling. Good morning, boys and girls! Nice to meet you!

Ss: Nice to meet you, too.

Do some actions

T: I like actions. I can do many actions. Let's do together.

Show me your left hand.

Show me your right hand.

Put your left hand on your head.

Put your right hand on your head.

Put your left hand on your desk.

Put your right hand on your desk.

Purpose: 借班上课,复习旧知识,拉近师生距离,营造轻松的课堂氛围,使学生迅速进入学习英语的状态,并为本课 action 的学习埋下伏笔,区分 left/right,让学生感知并体验在先。

Step2. Presentation

Lead in

T: I'm your new teacher. I'm from Xingling Primary School. It's far from your school. Today I come to your school first time. How do I come here? Can you guess?

By bus? By bike? By spaceship? Maybe.

放映幻灯 1

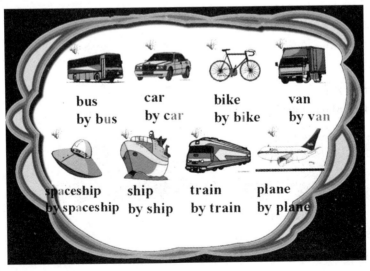

（生听声音）猜测老师用什么交通工具来？学生每根据声音猜出一种工具，老师就为他所在的组加上星，评价。

S1：By bus.

T：Yes. How do you spell bus?

陆续呈现交通工具，并拓展词汇：train, plane, ship, taxi.

T：宣布正确答案。

Purpose：

1.用视听法复习单词，容易使学生集中注意力，激发学习兴趣，在交流过程中，师运用 Book2 中已学句型 How do you spell...？让学生更加深刻领悟 How do you...？的含义。为后面的句型操练打牢基础。

2.师用 How do I come here? 来引起学生对即将学习知识的求知欲，他们纷纷想知道这位新老师是怎么来他们学校的。

Learn the sentence pattern.

T：Now, Let's have a chant! Stand up, please!

幻灯 2：呈现 chant 内容。

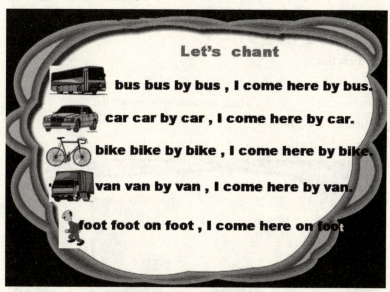

Purpose：

巩固操练重点句型 By _____，将单词操练与句型教学紧密结合，并采用学生感兴趣的 chant 方式操练，单词复习就不会显得枯燥乏味。Chant 内容中的句子 I come here by _____ 的 come here 短语为后面的四个动作学习提前分解了动作之一 come here.

板书呈现，检查生是否已掌握，并引出句型 How do you go home?

T: You know I come here by car. After class I will go home by bus. But I want to know how you go home?

(师呈现板书单词条 How do you go home? 并贴在黑板上。)

Who'd like to tell me?

S1: I go home by bus. 学生将答案贴在黑板上。

Listen and read the dialogues.

T: I know how you go home, but how about Beth and Chuck? Now here's a dialogue. Please listen carefully, then answer my questions.

Q1: How does Beth go home?

Q2: How does Chuck go home?

全班模仿录音齐读。

T: Next, Let's see who has the best pronunciations and intonations.

分角色朗读。

Purpose：

低年级学生学习语言喜欢模仿。可以让学生根据句子对话进行整体模仿，培养学生语言学习的策略，要求学生注意语音、语调和节奏上的模仿。让学生感知英语的美，激发学生学习英语的兴趣。

Step3. Practice

真实情境练习表演，师播放一段自己的 VCR。

T: Please watch a VCR, then answer my questions.

Q1: How do I go home?

Q2: How about this teacher?

Watch one more time. Answer the questions.

T: You can find your friends to make a dialogue. You can find two friends, three friends, if you like.

以幻灯呈现学生所用的对话模式：

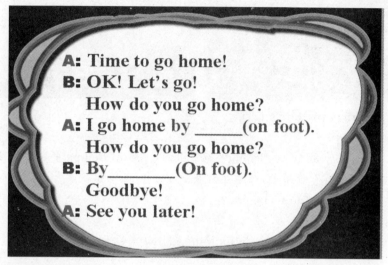

Purpose：

播放老师日常生活中的真实视频，创设情境学习，通过完成比较真实的任务帮助学生学习和运用语言，同时培养学生合作学习的能力。

Step4. Explanations

T: Boys and girls, in our daily life, we can go home or go to school by bus, by car or on foot. In our county, there are many interesting places to go. Do you want to go there? 以幻灯陆续出现鸟巢图、上海图、迪斯尼乐园图、美国图。

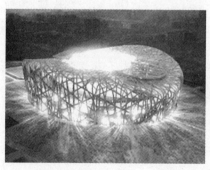 

T：Where is the bird's nest?

Ss：Beijing.

T：How do you go to Beijing? 师拿出词条 go to Beijing 并贴在板书上,陆续呈现其他"go to"短语条,让学生替换。

T：How do you go to Beijing?

S1：By car.

T：We have a friend. He is Jia Ming. How does he go to Beijing? Can you guess?

例:以幻灯呈现六个课本人物。让一生上来,T：Where do you want to go? 生选择板书中的一个 go to _____ 短语,e. g.

S1：go to Beijing.

Ss：How do you go to Beijing?

S1：By plane.

T：Good! But how about Jia Ming?

Ss：How do you go to Beijing? Jia Ming?

生猜,师点击 Jia Ming 头像,伴随声音出现答案:By car. 如猜对,为所在组加星。

Purpose：

游戏缓解了学生课堂学习的疲劳,轻松巩固并拓展了本节课的学习内容,调动了学生的学习积极性。

Part2 Actions

1. Presentation

T：Now let's go home. When we cross the street, what should we pay attention to? I have a photo to show you.

以幻灯呈现过马路错误图

T：Are they right?
Ss：No!
T：What should we do? 一生上前示范。
以幻灯呈现三个动作短语。
Look left!　　　Look right!　　　Cross the street!

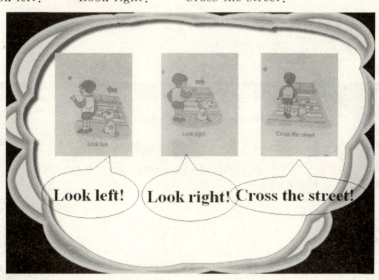

2. Practice
师示范，然后带领学生跟着录音口令做动作。
Purpose：
全身反应法，学生容易理解口令含义。将情感教育渗透其中。

Show

每组各选2个学生上台展示,竞赛,师评价。

Ⅸ. Consolidation

师总结。

Sing the song.（两只老虎的曲调）

Ⅹ. Homework

仔细听,大声朗读课文录音内容三遍。

自制并完成调查表,询问你的家人、朋友和老师,他们/她们是怎么回家的(尽量使用英语),准备下节课用英语交流。

仿照表格:

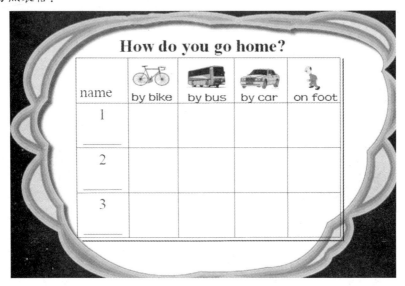

【学案评析】

在落"实"中培养学生综合运用语言的能力。

这节课的特点是：

(1)以教师为主导,以学生为主体,以活动为主线呈现教学内容。

(2)源于文本而超出文本的知识拓展。

(3)现代化教学手段适时、适当、适度地使用。

本节课是外研版小学英语 Book3 Unit 2 的第二课,属于听说课类型。学生在前一节课中对单元的生词以及一些相关句型已有了初步了解,这节课着重让学生掌握的是"How do you go home?""By car./On foot."等句型及其运用。

首先,教师利用多媒体课件不仅让学生怀着极大的兴趣,高效地完成了复习、导入的教学环节,同时还为下一步进入文本的学习作了很好的铺垫。在进入文本学习中,教师给了学生一段充分的时间、安静的环境先"听会"别人怎么说(带着问题走进文本,处理文本),然后让学生"模仿地说"(两位教师的视频对话),到最后让学生展示"学会了自己如何说"(给学生一个帮助——支撑句,让学生自由组合对话)。所有环节,一步一步,呈现了学生学会的过程。教学环节层层推进,完成了知识与能力、文本与生活的交互迁移。

其次,教师不拘泥于教材,对教材的编排顺序作了一些调整。如将教材的第二部分 Actions(配上声音)作为复习、导入环节处理,效果很好。

再次,由于这个班的学生一年级起便进入了英语实验的课题,他们的英语能力与同年级其他班级的学生相比要强得多。因此,在小学英语"集趣为第一性"的原则下,依据孩子们的知识水平,教师拓展了大量课本以外的交通方式、地点等,让学生们大胆地去说,课堂反馈信息表明学生的即时学习效果甚好。

最后,这节课中,无论从目标的设定、活动的编排、课件的设计使用、课堂评价,还是 chant 的编排、板书、家庭作业的设计等方面看,教师都能紧紧围绕教学目标,利用一切可利用的资源和条件,颇具匠心地努力为学生搭建一个平台,创设一种可运用所学语言进行真实交际的氛围。

整个教学过程顺畅,教学目的呼之欲出,水到渠成,达成度高。不仅展示了教师个人较强的专业知识水平与课堂教学基本功,也是杏林小学英语团队互助协作精神的充分体现。

(合肥市杏林小学　聂玲)

教学课例2　What's the matter?（1a—2c）
（初二英语上）

【学习内容与学情分析】

第一单元谈论了学生在课余时间里的一些活动和日常饮食的一些规律。而承接本单元的话题是身体健康问题。由此可见，无论是从教学内容还是从语言结构上都是很自然的过渡和延续。健康是生活的根本，也为接下来的第三单元讲述假日计划的安排准备了必要的依据。在语法体系上，一二两个单元是谈论现状，第三单元是计划将来，也是一个时态发展的渐进过程。本节课为第二单元 Section A 的内容，主要分为两个部分：第一部分是学习人体部位，第二部分是由学习人体部位过渡到学习身体部位的疾病名称以及对于这种疾病该提出怎样防治的建议。从教材的整合来说，既有对已学知识的延续，又为后面的学习打下基础，具有承上启下的作用；从本单元来说，它既是本单元的基本语言内容，又为本单元的知识拓展和综合语言运用奠定坚实的基础。因此，上好第一课时，既可让知识学习具有一定的延续性，又可为下面的教学作好铺垫，对完成本单元和今后的英语教学具有重要意义。

八年级上学期的学生经过七年级一年的英语学习，掌握了一些英语口语，听力也有所提高，能听懂英语课堂用语，并能用英语作出一些回答，教师组织课堂教学相对容易些。再者，他们学习英语有较强的记忆力和模仿能力，有待培养知识的扩展运用能力，有较强的求知欲和表现欲，但部分学生存在不自信、羞于表现等思想顾虑，但又希望得到他人的肯定。而本单元通过表述身体的各种不适和谈论个人健康问题，使学生学会关心他人身体健康，并且能够提出一些建议，同时让学生了解"a healthy lifestyle"的重要性，因此，在教学活动中要尽量让学生参与活动，有更多的机会来说。对于不同的学生给出不同的任务，使各个层次的学生都有所收获。

【学习目标】

1. 知识目标

(1)学生能掌握人体部位的英语名称。

(2)学生能说出一些人体部位的疾病名称并会用 What's the matter? / What's wrong? 询问别人的身体情况。

(3)学生能够用 should, shouldn't 等给别人一些建议。

2. 能力目标

(1)能听懂谈论健康问题的对话材料，如：What's the matter? /What's wrong? I have a headache.

(2)能对别人的健康问题提出建议，如：You should drink some tea. He

shouldn't eat anything.

(3)能够表述身体的不适,如:I have a sore back.

3.情感目标

(1)学生能够体会到身体健康的重要性并学会关爱身边的人的身体健康状况。

(2)通过谈论健康问题,让学生懂得如何通过调节饮食、保证睡眠时间、劳逸结合,从而增加强体质,提高学习效率,养成良好的生活习惯。

【学习重点】

(1)能够熟练说出身体部位的英语名称。

(2)会使用询问别人身体情况的英语用语,例如:What's the matter? What's wrong? 等。

(3)会用 have/has a ＋疾病名称描述身体不同部位的疾病。

(4)能就不同的疾病用 should,shouldn't 给出不同的建议。

【学习难点】

(1)人体部位的疾病名称各不相同,学生在教师的启发下找到规律去记忆。

(2)询问别人的身体情况,并能给出不同的建议。

【学习过程】

一、热身与导入

欣赏歌曲《健康歌》。

学生活动:学生听歌,跟着节奏做动作。

设计意图:学生在第一单元学习了有关健康的话题,这个单元是有关人体部位和疾病名称,也是与健康话题有关,用学生熟悉的这首歌把学生的注意力吸引到课堂上,歌曲中也包含有身体部位的名称,有利于新旧知识的衔接。

二、教授新单词

(1)用图片分别展示人体部位的英语名称,教师教读。

学生活动:跟读、齐读、自读。

(2)用两张人物照片作人体部位的展示。

学生活动:集体说出身体部位的单词,英语名称。

(3)完成 SectionA 的 1a 内容,把代表人体部位的字母与相应的单词对应起来。

学生活动:学生作选择,然后把单词读出来。

(4)做游戏。

将写有人体部位名称的卡片分成两叠,正面朝下,请学生上来抽卡片。

例如,学生 A 摸到 nose 和 foot,则大家一起说:"Touch your nose with your foot."或者:"Touch your foot with your nose."

学生活动:一个学生站在前面抽出两张卡片。其余学生说句子,这个学生做动作。学生轮换做这个游戏。

设计意图:人体部位的单词是本课的基础,学生在小学也学过一些简单的身体部位的单词,还有些记忆,所以教师教起来相对容易,从图片入手更直接形象,也能吸引学生的注意力。游戏的设计不同于传统的摸人体器官的游戏,难度上加大了些,也更有意思,学生也不会感觉落于俗套。

三、呈现新句型

(1)教师假装牙疼,自问自答,展示询问疾病和给出建议的句型,并教读。

学生活动:跟读重点词语和句子。

(2)再用图片展示其他疾病的名称以及询问疾病的问句,引导学生会用What's the matter? /What's wrong? 这样的问句,以及 have/has a + 疾病这样的答句。在给出建议的时候引导学生用 should 或 shouldn't 给出不同的答案,再展示一个含有本课生词的答案作参考,并教读。

学生活动:自由讨论,给出不同建议,再跟读重点词语和句子。

(3)不同疼的表达方式不同,通过两张图片作展示,启发学生找到记忆规律,并带读。

学生活动:根据展示内容找规律再跟读。

设计意图:学生熟悉了单词以后,进入本课的第二个重点内容,还是由形象直观的图片入手,先展示,再让学生模仿,他们才有话可说。再者,上一个游戏的结束会让学生有些放松,用直接的表演(自己假装牙疼)和图片的展示,学生的注意力会很快转移过来,教的过程中还要有让他们讨论的内容,使他们能始终参与课堂教学,这样可以调动更多学生的积极性。

四、练习和巩固

(1)完成1b。学生听对话,选出与之相对应的人物,学生听一遍选出答案,然后集体对答案,再让学生说出这种疾病的名称。

学生活动:听录音,选答案。再齐读。

(2)完成2a。学生在听之前可以先对答案作个预测,再听录音,找到相应的答案。检查完答案以后,让学生把它连成句子再说出来。

学生活动:对听力内容作预测,再听选答案。再分小组讨论,说出完整的句子。

(3)完成2b。这个听力难度就稍大一些了,难在让学生写出一些信息,不过学生还是可以根据所学内容就答案作出一个预测,再去听录音,填写相关内容。答案对过后让学生分组把对话表演出来。

学生活动:作听力内容的预测,听录音选答案。再分小组表演。

(4)让学生作表演:几个学生扮演不同科室的医生(可以事先准备几件白大

褂),其余同学扮演病人,医生就不同的病给出不同的建议。

学生活动:把教室当成临时医院,分成若干个科室,找几个学生扮演不同科室的医生,其余学生扮作病人,进行看病就医的表演。

设计意图:呈现完新内容以后,让学生巩固所学知识,还是从听到说,内容由简单到复杂。最后的表演环节也是本节课的尾声部分,此时,学生的注意力相对分散,他们也感到疲惫了,设计此环节可以让学生既放松了心情又巩固了所学知识点。

五、巩固与作业

(1)对本课所学内容作一总结,可以先让学生回忆,教师再作展示。

(2)作业。

a. 让学生做一个玩偶,或画一幅卡通人物,在上面用英语标出身体不同部位的名称。

b. 分组表演看病就医的情景剧,下节课开始时作展示。

设计意图:一节课的结束要让学生明白自己学了什么,还有什么没有掌握,所以总结很重要,但不要立刻给他们展示总结内容,可以让学生先作总结,教师再作补充。

【学案评析】

《英语新课程标准》要求八年级学生达到能根据提示给出连贯的简单指令;能引出话题并进行几个回合的交谈;能在教师的帮助下或根据图片用简单的语言描述自己或他人的经历;能在教师的指导下参与角色扮演等活动;能在上述口语活动中使用正确的语音、语调。根据这些目标要求和从学生的学习兴趣、生活经历、认识层次高低出发设计本节课,体现了学生的实践、参与、合作与交流的学习方式和教师任务型教学的教学理念。

本节课的学习目标是学习人体部位的名称和用英语询问健康状况并提出建议,通过听、说、做游戏、做事情,让学生掌握本节课的基本句型:What's the matter? / What's wrong? I have a... He/She has a +疾病名称。You should/Shouldn't... 为了激发学生的学习兴趣,本节课采用多媒体辅助教学,在学生活动中设计了游戏,激发学生积极主动地参与课堂学习活动;创设一种真实的、贴近学生生活实际的教学情境,提高学生语言综合运用能力、自主学习和发散思维的能力。课堂组织形式以小组活动为主,增加每个学生课堂参与的机会,在参与活动中培养学生的团队合作精神及互相学习的意识。本节课关注对学生的评价,注重对学生进行形成性评价,以评价促进学生发展。评价以激励为主,使学生获得成功的喜悦,增强自主学习的自信心;在评价中关注学生的情感与学习策略的调控。本节课的特色是让学生感受到在课堂上有事可做,而且是在做一件与自己切身利益相关的、有意义的事情,这样就促使学生自主地、创造性地完成任务,既培养了学生用英语描述人体各部分名称、常见疾病名称以及如何提出合理建议的能力,达到本节课的教学目标与能力目标,又使这种体验和感悟体现新课标的基本要求。

(注:根据安徽省界首市张咏歌老师提供的教学案例整理和改写。)

教学课例3 Why don't you get her a scarf?

(初二英语下)

【学习内容与学情分析】

本节课为本单元第一课时,主要是让学生理解和运用本课的重点单词和句型。本单元的话题Gift giving,学生都很熟悉,很容易激发他们的学习兴趣。要求学生结合生活实际,用所学的语言项目提出给他人送礼物的建议,并能对礼物提出评论。新教材重视以人为本,学生的发展是英语课程的出发点和归宿。根据学生的实际情况,进行"教材分析"和"教材整合",调整教学内容以符合学生的认知水平。教学对象是初二年级学生(以中等生为主),他们学习英语有较强的记忆力和模仿能力,有较强的求知欲和表现欲,但部分学生存在不自信、羞于表现等思想顾虑,但又希望得到他人的肯定。因此在教学活动中应尽量让这部分学生参与到活动中,有更多的机会来说英语,减少他们的恐惧感;有些学习困难生由于基础薄弱,缺少丰富的语言基础,对某些任务的完成有一定难度,教师可采取小组奖励的办法,通过学生间的合作学习,促进小组成员之间的互帮互学,鼓励小组中的优秀成员主动帮助学习困难生,培养学生的团队意识。提高他们综合运用语言的能力,让他们都能体验到成功的喜悦,使各层次的学生都有所收获。

【学习目标】

(1)语言知识目标:引导学生掌握本单元相关的词汇和句型。

(2)语言技能目标:能用所学的语言项目给对方提出建议和意见。

(3)情感态度目标:了解送礼的礼仪,培养学生的爱心和感恩之心。

【学习重点】

掌握与课文有关的词汇和句型。

【学习难点】

运用所学语言项目给人提出意见和建议。

【学习过程】

Step1. Leading in

教师用多媒体播放一些精美礼品的图片,提问How do you feel when you see the presents? 激发学生的想象,然后让学生用形容词表达自己的感受。男女生比赛,看哪组学生说得多,说得好。

Step2. New Words Learning

呈现围巾、词典、花、日历、手表、数码相机、网球等图片,讲授新单词,训练学生的拼写能力。将这些名词写在黑板的左边,为下面的句型操练作准备。

Step3. Practice

教师用课件呈现以下对话:

A：What should I get ... for his/ her birthday?
B：How / What about ... ?
A：That's too expensive/ personal.
B：Why not / Why don't you get her a scarf?
B：Good idea! / Great! / OK!...

教师先示范这个对话,之后分组(4~6人为一组)进行滚雪球式的操练,句子说得越多越好,速度越快越好。然后以小组为单位进行句子竞赛。最后,教师让学生总结提建议和评论的表达。教师用简短的语言小结,将重点句型书写在黑板上。

Step4. Making suggestions

教师用多媒体呈现表格

	For 16-year-old girls	For 16-year-old boys
suggestion 1		
comment 1		
suggestion 2		
comment 2		
suggestion 3		
comment 3		

Teacher：I want to spend 100 *yuan* to buy some presents for a 16－year－old girl and a 16－year－old boy. What do you think I should get? And tell me your reasons. 学生分组讨论,看谁的建议最合理。每小组派一名代表,陈述自己的建议和理由,鼓励各小组使用本课的主要句型进行互评。

Step5. Discussion

Teacher：When Mother's day or Father's day comes, maybe you'll buy something for your parents. What are you going to buy? Why? 学生就以上问题展开讨论,并通过会话或表演的形式进行反馈。

Step6. Writing

要求学生选出自己曾经收到的礼物中自己最喜欢的,写一篇小短文,内容包括谁送的、何时收到,以及为何喜欢此礼物等。

Step7. Summary and Homework

1. We've learnt something about gift giving. Try to remember them.

2. Fill in the form of self-reflection and assessment.

The things I can do	Evaluation				
I can remember the new words and expressions.	5	4	3	2	1
I can use the new words and expressions in new situations correctly.	5	4	3	2	1
I can give some advice or make some suggestions about gift giving.	5	4	3	2	1
I can describe the present I like best.	5	4	3	2	1

3. Fill in the form of group evaluation.

小组合作学习评价表

班级_____ 小组长_____ 发言人_____

个人评价					小组加分	
姓名	表现摘录	自评	互评	次数	加分	总分
教师评价:						

评价标准:

A. 课堂活动中积极参与,与小组成员团结协作,效果好。(5分)

B. 能较好地参与课堂活动,团结合作,效果还好。(4分)

C. 遵守课堂纪律,与小组同学相互配合。(3分)

D. 不能做到以上三点。(2分)

小组活动完毕,由小组长负责组织大家进行自评和互评,并在"小组合作学习评价表"中作出记录。

【板书设计】

Unit 8 Why don't you get her a scarf?(The first period)

Words:camera, sweater, flowers

Give advice / comment:

Why don't you get her a scarf?

That's too expensive.
What about a sweater?
That's not interesting enough.
How about flowers?
That sounds good.

【学案评析】

  本学案学习目标确定准确,采用多样的活动形式,使各个活动环环相扣,以符合学生的思维特点和认知水平,充分发挥学生的创造性与积极性。通过大量的语言实践,使学生获得综合运用英语进行交际的能力。在教学过程中,努力贯彻以学生为主体的教学理念,注意调动学生的学习积极性和主动参与的热情,鼓励和引导学生积极发言,设计的活动符合学生的年龄特点。使用多媒体课件导入直观、生动,能吸引学生的注意力,有利于激发他们的学习兴趣。男女生比赛,可以激发他们的竞争意识。第二环节的设计很有创意,一方面,让学生尽快进入学习状态,通过他们熟悉的内容引出新单词;另一方面,通过单词学习活动,巩固了学生的单词拼写能力。在接下来的句型操练阶段,引导学生进行小组合作,小组合作学习可以培养学生的合作精神,比赛的方式可以使课堂充满和谐愉悦的气氛,提高学习效率。讨论环节的活动属于深层思维训练,旨在通过辩论培养学生的思辨能力和运用英语表达思想的能力,把课堂教学过程转化为学生主动参与教学的过程。最后一个环节是课堂任务的延伸,旨在培养学生复习的习惯。让学生对自己的学习进行初步评价,有利于培养学生自主学习和合作学习的能力。该学案创设了各种问题情境,吸引了学生的注意力,营造了宽松、愉悦的学习气氛。师生、生生互动性强,活动形式多样化,有个人活动、同伴活动和小组活动等。板书设计合理,有助于学生的复习巩固。

  (注:根据安徽省界首市张咏歌老师提供的教学案例整理和改写。)

教学课例 4   How do you get to school?

(初一英语上)

【学习内容与学情分析】

  本单元的中心话题是"Transportation",围绕"How do you get to school?""How long does it take?""How far is it?"层层展开,Section A 是基础,是学生必须掌握的目标语言;而 Section B 是 Section A 的扩展和引申,通过任务型听力来讨论交通工具及方式的最佳组合方式,并通过任务型阅读帮助学生了解不同国家学生上学的交通工具及方式的异同。本学案适合七年级上学期的学生。

【学习目标】

1.语言目标

词汇:subway, take the subway, train, minute, how far, quick, leave for, half, past, bus station, bus ride, stop, bust stop, north, school bus, by boat, must, car, ill, worry

句式:How do you get to school? I ride my bike.

How long does it take? It takes ten minutes.

How far is it from your home to school? It's about 10 kilometers.

2.能力目标

(1)能够谈论如何到达目的地。

(2)能够谈论自己的日常生活。

(3)能够有效地获取信息和处理信息。

3.情感目标

(1)学会关注生命与安全;培养时间观念,学会珍惜时间。

(2)了解朋友及家人的生活。

4.跨学科学习

(1)社会实践:学习距离、交通方式的表达。

(2)个性培养:学会合理安排自己的生活,培养时间观念,学会珍惜时间。

(3)跨文化研究:了解不同国家、不同地区学生上学的交通工具及方式的异同。

【学习重点】

词汇与句式。

【学习难点】

如何表达距离的远近,如何表达到某地花多长时间,并在生活实际中正确运用所学语言。

【教学程序设计】

课时安排及任务设置

课时	内容	课型	主要任务设计
1	Section A 1a—Grammar focus 基本语言的介绍、任务的交代与操练	听说课	Know more about your friends.
2	Section A 3a—3b 巩固基本语言,笔头落实基本内容	读写课	Make a schedule for yourself.

续表

3	Section B 1a—2c 扩展语言,深化任务	听说课	One-day Tour to Weihai
4	Section B 3a—3c 深化理解目标语言,综合运用	阅读写作课	Reading and Writing
5	Revision 总结和完善任务及其结果	综合活动课	2000元欢乐假日行

【核心任务及任务链】

根据本单元学习有关交通方面的内容,设计核心任务为"2000元欢乐假日行",形成如下任务链:了解周围的人是如何到校、如何上班的——选择适合自己的交通工具或交通工具组合方式——威海一日游——说明不同国家、不同地区学生上学的交通工具及方式的异同——2000元欢乐假日行——比较交通工具的特点与优劣势——向政府提出合理建议,改善交通环境。

(第一课时)

第一课时以听说为主,教学目标为:

(1)学会谈论如何到达某地,学会谈论自己、朋友、家人如何上学、工作。

(2)熟练掌握到达某地要花多长时间的表达,学会谈论自己的生活。

(3)学会合作,了解朋友和家人的生活。

(4)学会关注生命与安全;培养时间观念,学会珍惜时间。

本课的核心任务是 Know more about your friends,并通过 How do you get to school? How does he/she get to school? How long does it take? 三个小任务组成的任务链完成任务前的准备,课堂流程如下图所示:

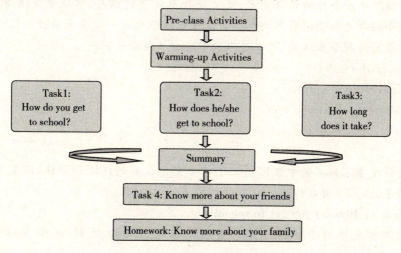

Pre-class Activities

课前要求学生通过各种途径收集有关交通工具的名称和图片,并利用词典或金山词霸来认读单词。运用这种方式不仅能培养学生收集信息和处理信息的能力,而且能使学生在这一过程中主动参与学习,拓宽视野,实现英语学习的生活化。

Warming-up Activities

1.新单元总会让每一个学生迫不及待,即将开始的学习内容往往让他们倍感好奇。教师要善于把握学生的这种心理,通过有效地设置问题来引导学生识读图:

①What can you see in the picture?

②Guess, when is it now, morning, afternoon or evening? Why?

③I think it's winter now, what about your opinion? How do you know that?

④Look at the boy in a red cap, what does he look like? What is he doing?

⑤Can you see the girl in pink? What is she doing? Guess, where is she going?

⑥Where is the girl with short blond hair? Can you find something strange? Why is she sitting in a wheelchair? What can we do for her?

⑦What does "TERMINAL" mean?

⑧How many kinds of transportation can you see in the picture?

显然,读图的目的并非仅仅是导入课堂教学,更重要的是巧妙地运用课本所提供的课程资源,尽可能多地为学生提供"说英语"的机会,帮助他们逐步养成用英语进行思维的习惯。

2.通过小组合作的学习方式,交流彼此所收集的信息,实现资源共享,并通过讨论小组命名和小组竞赛两个小活动来帮助学生进一步熟悉目标词汇。

3.最后选用节奏活泼、边说边做的Chant。内容如下:

Go, go, let's go!

Ride, ride, ride my bike.

Take, take, take the bus.

Take, take, take the subway.

……

使学生在不知不觉中强化识记了有关交通工具的词汇和词块,而且对其后进行的Lucky 52游戏作了一次简单热身。

Task 1: How do you get to school?

教师首先借助于多媒体课件呈现本课的目标句型 How do you get to

school？同时利用图片使学生掌握 ride a bike，take the bus，take the train，take a plane，take a car 等词块，并学会对目标句型作出正确应答，然后由课件演示引出目标句型的第二种答语，并通过 Match the sentences（如下所示）对两种答语的转换进行强化，并在此基础上，采用 Pair Work 的形式，小步快走，循序渐进，由"第二人称"扩展到"第三人称"，由单数扩展到复数，构成一个有梯度的序列，不经意间便完成本课的第二个任务。

Match the sentences.

1. I ride my bike.　　A. I get to school by ship.
2. I walk.　　　　　B. I get to school by train.
3. I take the bus.　　C. I get to school by bus.
4. I take the subway.　D. I get to school by bike.
5. I take the train.　　E. I get to school on foot.
6. I take the ship.　　F. I get to school by plane.
7. I take the plane.　　G. I get to school by subway.

Task 2：How does he/she get to school？/How do they get to school？

熟悉目标语言后，迅速进入听和写的训练。

1.首先设置以下问题：

Look at the picture, so many students go to school in the morning. Now let's guess how they get to school.

How does the boy get to school?

How does the girl get to school?

How do the boy and the girl get to school?

……

引导学生有针对性地第二次读图，然后完成1a的书写训练。

2.听前对录音材料进行简要的背景介绍：This time you will listen to a conversation. Two people are talking about how some students get to school. 使学生对所听内容有所预知，有所了解，从而降低学生听的难度，使学生轻轻松松地完成任务型听力1b。

3.听力任务完成后，用大屏幕呈现完整的听力材料，让学生反复跟读录音，语音、语调、句型熟练后，改成两人一组看图自由对话。

4.最后采用学生喜闻乐见的 Lucky 52 游戏的方式，将全班分为 A、B、C 三组进行活动：A组面向大屏幕，并试着用动作表演屏幕所显示的交通工具，背对屏幕的C组回答B组所提问题 How does he/she get to school? 也可以用 Does he/she take the subway/take the bus? 进行猜测，在规定时间内未能完成的小组将有一位本组成员被淘汰,最后人数多者胜出。这个活动能瞬间调动学生的积极性,那种一猜再猜而又未猜中,想得到真实答案的欲望也更加强烈,在竞猜中习得前两个任务所确定的目标语言。

Task 3：How long does it take?

Say：Different students get to school in different ways，but you must be on time for school. You must pay close attention to time. 这样,就适时地对学生进行了情感教育,培养了学生的时间观念,也为后部分的学习作了成功导入。

1.借助于直观教具闹钟,并用手指拨动指针行走来呈现句型"How long does it take?",并训练时间的表达,更具直观性和生活性。

2.听力无疑是学生的"老大难",在随后进行的2a和2b听力训练前,先引导学生通过谈论图片来预测所听问题,有效地降低听力难度。例如:在完成2a前,引导学生用How do you get to school? 进行 Pair Work,而在2b前,用How long does it take? 来进行看图说话。

3.完成2a和2b后,将听力材料完整呈现,让学生两人一组跟读、朗读到上口为止。

4.将听力材料重新设置成听力填空(如下图所示)。

Conversation 1

Boy：How do you get to school?
Girl：I take the t _____.
Boy：How long does it take?
Girl：Oh, around f _____ minutes. How about you?
Boy：I take the s _____.
Girl：How long does that take?
Boy：Oh, around t _____ minutes.

Conversation 2

Girl：How do you get to school, Tom?
Tom：I ride my b _____.
Girl：How long does it take?
Tom：It takes around t _____ minutes. How do you get to school?
Girl：I w _____.
Tom：And how long does that take?
Girl：It only takes t _____ minutes.

---

①Listen again. Fill in the blanks.
②Listen again. Complete the dialogue.

> **Conversation 1**
> **Boy**: How do you get to school?
> **Girl**: I _____.
> **Boy**: How long does it take?
> **Girl**: Oh, around _____. How about you?
> **Boy**: I _____.
> **Girl**: How long does that take?
> **Boy**: Oh, around _____.
> **Conversation 2**
> **Girl**: How do you get to school, Tom?
> **Tom**: I _____.
> **Girl**: How long does it take?
> **Tom**: It takes around _____. How do you get to school?
> **Girl**: I _____.
> **Tom**: And how long does that take?
> **Girl**: It only takes _____.

让学生两人一组,对话填空。这样,便可以对有限的听力材料进行反复听、反复用,在听和说的过程中培养学生听、说的技能。同时,这也是帮助学生熟悉背诵语言材料的有效手段、必要手段。

Summary

首先借助于问题 What have you learned in this period? 来引导学生总结所学的目标语言。然后以 When do we use these sentences? 来帮助学生进一步明确所学语言结构的应用。

Task 4: Know more about your friends

这是一个综合性任务,其设计以学生的生活经验和兴趣为出发点,分为 Make a survey 和 Make a report 两个环节:

1. Make a survey

Make a survey of your best friends and fill in the chart below.

Name	How do you get to school?	How long does it take?

2. Make a report

Make a report according to your chart.

Example: Lucy takes the bus to school. It takes her ten minutes
…

Name	How do you get to school?	How long does it take?
Lucy	take the bus	ten minutes

通过这两个活动,让学生进一步了解周围朋友的生活,使学生通过做事,通过思考,通过合作来体验目标语言,体验学习的过程和快乐,在"用"中发展思维能力和各种语言应用能力。当然,在 Make a survey 和 Make a report 之前,教师必须为学生提供有效的语言范例。

为了更好地贴近生活,学以致用,教师可提供与话题相关的扩展词汇,例如:motorbike(摩托车),electric bike(电动自行车),boat,helicopter(直升机)等。对于农村中学来说,还可以补充学生生活中常见的 tractor(拖拉机),cart(马车),tricycle(三轮车)等,并提醒学生上学、放学乘车时要乘坐有牌有照的客车,关注生命,关注安全。

Homework:Know more about your family

Make a survey of your family and fill in the chart below, then write a passage about it.

Name	How do they get to work?	How long does it take?
Father		
Mother		

写作能客观地反映学生各方面的语言运用能力,如语言表达能力、思维组织能力等,将调查完的表格写成短文,不仅能够促进学生获取、处理和使用信息,巩固课堂所学语言知识,提高写作能力,而且使学生从关注自己转向关注家人,英语学习也真正延伸到课堂之外。

(第二课时)

第二课时为读写课,教学目标为:

(1)学会谈论距离的远近。

(2)学会选择合适的交通工具。

(3)体验快速阅读的方法,学会有目的地检索信息、跳读、计算等。

(4)学会科学地安排生活。

本课的核心任务是 Make a schedule for yourself，主要分为 Warming-up Activities，Pre-reading，While-reading，Post-reading 四个部分。课堂流程如下所示：

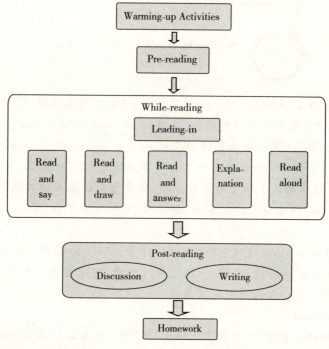

Warming-up Activities

通过限时游戏来复习上一课时所学的目标语言。要求学生在 3 分钟内，以最快的速度询问 How do you get to school? How long does it take? 两个问题，直到听到与第一次所听完全相同的答案后返回座位，否则继续，被询问者要尽可能给出意想不到的答案。活动过程中，每一个学生都在动，教室里看起来乱套了，但是正是这种"互动、开放、创造"的课堂氛围，使学生获得相当大的主动权，主动地使用所学语言，从而更好地表现自己，发展自己。

Pre-reading

游戏后小结并进行课堂导入：We have known many kinds of transportation. It's important for us to choose the right transportation. But which is the best way? 提出本课要解决的问题，激发学生学习的动机，增强学生学习的目的性，并让学生小组讨论，自由表达自己的观点，努力为学生提供"开口说英语"的机会。

在 Pre-reading 环节，采用数学图例解释的方法，如下图所示：

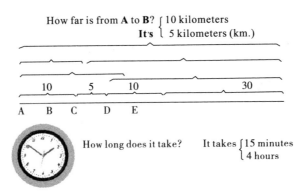

呈现目标语言 How far is it from...to...? 要求学生按照图示用 It's... 来回答,然后在时钟旁给出所用时间,继续用 How long does it take? 来引导学生用 It takes... 回答,随后提出问题:Which is the best way? 并不断延长线段反复进行训练。活动过程中学生需要进行计算才能给出正确答案,注意与数学学科的整合,极好地调动了学生的学习兴趣,让学生积极投入语言操练中,实现双向互动,把教师"一言堂"变为师生"群言堂",并通过 Pair Work 进一步加以巩固。

在整个 Pre-reading 过程中,学生通过计算、推理、判断等一系列活动,解决 Which is the best way 这一问题。在探究过程中,使学生明确要根据距离的远近和所需时间来选择合适的交通工具。

While-reading

在任务型语言教学中,教师要从学生"学"的角度来设计教学活动,使学生的学习活动具有明确的目标,并构成一个有梯度的连续活动。另外,阅读训练不只是要学生做几道阅读理解题,而是要帮助学生从中获取信息,获得乐趣。因此,将 While-reading 分为五个步骤:

1. Read and say

Read the passage and say what you have got. 首先让学生阅读短文,这似乎与当前盛行的"带着问题阅读"相矛盾,但阅读之后要求学生口头叙述阅读所获得的信息,既锻炼了说,也考查了读。

2. Read and draw

Read again and draw a diagram about Lin Fei's Route to school. "读一读,画一画",这样阅读、检测的形式可能会形象生动些。

3. Read and answer

Read the passage carefully and fill in the chart. 通过完成下列表格从而使学生进一步理解短文。

When does Lin Fei get up?	
What does he usually do before school?	
When does he leave for school?	
How does he get to the bus station?	
How long does it take?	
How does he get to school?	
How long does it take?	

4. Explanation

释疑短文中所出现的难点，例如：have a quick breakfast, leave for, at around half past six, take him to school 等。在这个过程中，教师要努力控制做老师的欲望，引导学生根据上下文进行词义猜测。

5. Read aloud

学生只有通过大量朗读，才能不断纠正自己的语音和语调错误，逐步形成英语语感。朗读训练单靠课堂上的几分钟是远远不够的，可以要求学生在课后不断练习，直到自己感到满意的时候，录制成磁带，收入自己的成长档案袋中。

以上五个微型任务，构成一个层层递进、逐步深入的任务链，培养了学生的阅读能力，增强了他们的阅读兴趣。

Post-reading

Post-reading 是一个读后输出的过程，共分两个环节：

1. Discussion

What do you think of Lin Fei's schedule? Do you think his arrangement is reasonable? Why? 引导学生思考和讨论并进行小结，帮助学生学会科学地安排生活。

2. Make a schedule for yourself

听上去复杂，但实际上只是更字换词地仿写句子训练，学生可以轻松完成。

Homework

Mother is great, and hard-working. What about her schedule? How does she get to work? How long does it take? How far is it from your home to her office?

Know your mother better and write a passage.

本次作业要求学生了解母亲的日常生活并写成短文，在巩固课堂所学目标语言外，引导他们体谅母亲，关爱母亲。

（第三课时）

第三课时以听说为主，扩展语言与词汇。本课的核心任务是选择合理的交通路线和交通工具，制订"威海一日游"计划。

本课设置了 Talking Hall，Listening House，On holiday 三个生活化场景，从而使课堂教学更贴近学生的生活。课堂流程如下图所示：

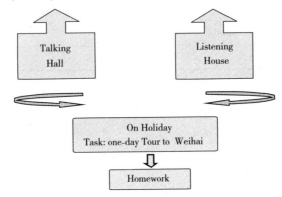

Talking Hall

1. Talk about the pictures

教师要善于淋漓尽致地使用有限的课堂资源，尽可能多地为学生提供"开口说英语"的机会。在这一环节，教师首先进行读图示范：Look at this. It's a train station. Trains stop here. 然后引导学生正确读出其他各图。

2. Match the words with the pictures(1a)（课文中的图）

图文搭配，进一步帮助学生巩固所学词汇。

3. Pair Work and Role Play(1b)（课文中的图）

Role play. Suppose you use two kinds of transportation to get to school (bus, train, subway, walking, bike, etc.). Tell how you get to school. 以此来训练学生合理选择交通工具及方式的最佳组合。

Listening House

1. 根据2a图（课文中的图）中所提供的内容，引导学生猜测在对话中该怎样询问才能获得表格内的信息，让学生思考后能够说出听力材料中即将出现的句子，例如：Where do you live? How far do you live from school? How long does it take to get to school? How do you get to school? What do you think of the transportation? 等等，这样不仅复习了前面所学的语言知识，而且有效地降低了2a的听力难度。

2. Listen. Check (√) the things that Thomas wants to know. 完成2a的听力任务。

3. 要求学生两人一组说明2b图(课文中的图)中所出现的交通方式。例如:Nina rides her bike. Nina walks. 等等,既锻炼了学生说的能力,也为下一步的听力教学作了准备。

4. Listen again. How does Nina get to school? Check (√) 1 or 2 below. 完成2b(课文中的图)的听力任务。

5. Listen again and complete the dialogue. 将听的结果落实到写。

> **Thomas**: Where do you live, Nina?
> **Nina**: New Street.
> **Thomas**: So, how do you get to school?
> **Nina**: Well, first I _____ to the bus stop.
> **Thomas**: Uh—huh.
> **Nina**: I _____ to the subway station.
>   Then I _____.
> **Thomas**: Yeah...
> **Nina**: Next I _____ to the bus stop on 26th Street.
>   Finally I _____.

6. 将听力材料完整地呈现给学生,并要求两人一组进行录音跟读、对话训练,朗朗上口直至背诵。

7. Group Work. Tell how Nina gets to school. (2c)

有了前几步的层层铺垫,再进行复述就轻松简单了。采用小组接力的活动形式,让每个学生都动起来,互帮互学,兵练兵。

A: How does Nina get to school?
B: She...
C: Next, she...
D: Then she...
...

On Holiday

有了前面语言知识的学习与技能的培养,我们可以设置一个创造性任务:One-day Tour to Weihai

假设友好学校的学生到我校访问,你作为他们的导游,帮助他们安排威海一日游。要求课前准备一幅威海旅游交通图,并标出感兴趣的特色旅游景点,例如:刘公岛、环翠楼、昆嵛山、天尽头、银滩等。学生以六人小组为单位展开活动,共同安排"一日游"的旅游路线。说明将要使用的交通工具,要求符合实际,具有可行性。这一任务的设置紧贴学生生活实际,让学生"学了就用",并在活动中,通过领略家乡的美丽景色,激起每个学生做威海人的自豪感。

任务完成后进行小结和评价,由学生说明自己是如何寻找交通工具及方式的最佳组合。

Homework

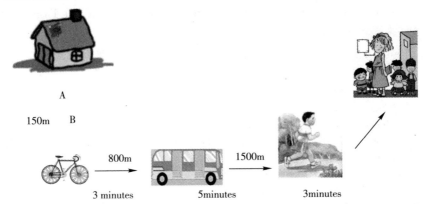

假如 A 是你的家,B 是你的学校,请你根据图示运用本单元的知识点描述一下你是如何上学的?

将书写训练置于真实的语言情境中,使学生有感而发,有话可写。

(第四课时)

第四课时为阅读写作课,教学目标为:

(1)通过阅读,了解不同国家学生上学的交通工具及方式的异同。

(2)培养学生有目的地进行阅读,并能够根据上下文猜测词义、句义的能力。

本课分为 Leading-in, Pre-reading, While-reading 和 Post-reading 四个部分。课堂流程如下图所示:

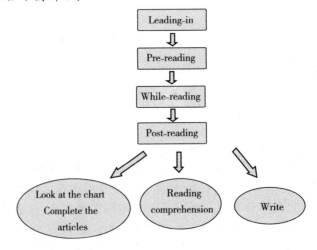

Leading-in

1. Say: We usually ride bikes or walk or take buses to school. But in other parts of the world, things are different. What about students around the world? How do they get to school? 以设疑导入，激起学生学习的兴趣和参与课堂的积极性。

2. Students express their own opinions. 学生既表达了观点，也提高了说英语的能力。

Pre-reading

1. Talk about the map of the world. 通过 Where is China? Where is North America? Where is Japan? 等问题引导学生谈论，为 3a 的阅读储备必要的地理知识。

2. Imagine and draw the right kinds of transportation mark in some places in the map, such as China, North America, Japan, etc. 这一活动旨在预测阅读内容，激起学生为探求预测是否真实而产生的阅读需要。

While-reading

1. Fast reading

（1）Read the article and correct your work.

（2）Say what you have got.

通过这两项活动，使学生快速浏览并掌握全文大意。

2. Careful reading

Read and write "T" or "F". (3a) 有效设置疑问，使学生带着问题去阅读，在阅读中积极思维。

3. Explanation

采用小组合作的方式，"兵教兵"地解决文中的难点，例如：

a. How do students around the world get to school?

b. Other parts of the world are different from the United States.

c. In China, it depends in where you are.

d. That must be a lot more fun than taking a bus.

…

4. Read aloud

朗读可以有效帮助学生形成正确的语音语调，增强语感。与第二课时这一环节作同样处理，可以让学生将两段短文都录音，也可以让学生选择自己喜欢的一段进行录制。

5. Be a host

Say: CCTV wants a host. Don't you want a go?

Now tell how students around the world get to school according to your map of the world.

有了前面各个环节的铺垫,又有地图中的交通工具标志作为Key words,则复述便很轻松了。

Post-reading

1. Look at the chart and complete the article. (3b)阅读不仅仅是指读短文,还包括读图表。看表格,填短文,也为后面的写作做了热身训练。

2. Reading comprehension. 提供下面方框内的一篇对话,限时阅读,进行比赛,看谁又快又准地完成表格。既要阅读,还得计算,发展了学生的综合思维能力。

> A：Mr. Yang, how many students ride their bikes to school in Class Two?
> B：We have fifty－two students in my class. Half of them go to school by bike.
> A：How many students take the bus?
> B：About five.
> A：What about the others?
> B：I don't see any students take the car. Some students about ten usually take the subway. The others walk every day.
>
> 根据对话内容完成下表：
>
> | How do students get to school in Class Two? | | | | | |
> | --- | --- | --- | --- | --- | --- |
> | | Bus | Car | Subway | Walking | Bike |
> | Number of students | 1 | 2 | 3 | 4 | 5 |

提高阅读水平,只靠每单元教材上的一两篇文章远远不够。新课程标准三级目标明确要求:除教材外,课外阅读量应累计达到4万词以上。因此,教师必须有计划地选择一些课外阅读书籍或篇目提供给学生,同时需要注意的是,课外的选材一定要认真仔细,尽量不要偏离本单元的话题,要让学生感到整节课都在讨论同一个话题。

3. Write a newspaper article according to the chart.

How do students get to school in Class Two?					
	Bus	Car	Subway	Walking	Bike
Number of students	1. 5	2. 0	3. 10	4. 11	5. 26

将课文中的3c作了稍许变通,让学生将课堂上进行阅读训练完成的表格再

写成短文,避免了学生因上学方式过分单一而无话可写情况的出现。

Homework

完成 Self-check 部分的第 1、2 两题。

(第五课时)

第五课时为综合活动课。通过完成综合性任务"2000元欢乐假日行",对整个单元所学内容进行复习和拓展。课堂流程如下图所示:

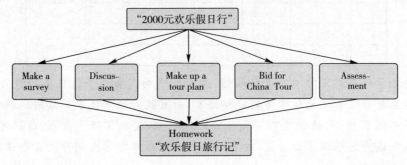

1. Check the homework

(1)Fill in the blanks with the words given.

小组讨论纠正 Self-check 第 1 部分的答案后,让学生用所出现的单词口头造句,小组间进行比赛,看哪个小组造的句子又对又好。

(2)Role play.

首先让学生分组呈现 Self-check 第 2 部分的答案,集体讨论修正对话内容。然后两人一组表演对话,并鼓励学生根据现实生活情景进行改编或扩充。最后每组选一对同学进行公演,评出"最佳剧组"。

对于对话里出现的一些语言难点,例如:She's ill in the hospital. Don't worry. If you have a problem, you can ask a policeman for help. 等,可引导学生联系上下文和生活实际进行疏通。

另外,教师还可以将学生对话填空里出现的 Common mistakes(例如病句、歧义句等)写在黑板上,让学生来发现问题,讲评问题,以加深他们的印象。

2. Say

A holiday is coming. We will have Only 2000 yuan for a tour in China. Let's make a tour plan.

教师公布本课要完成的任务,以任务驱动学生的学习活动,同时为学生提供北京、上海、西安、昆明、三亚等五个城市的基本信息,例如:中国地图、相关城市地图、城市旅游景点介绍、火车、飞机、汽车等旅程价目表,等等。

3. 自由活动

Make a survey and fill in the chart.

Name	Which city would you like?	Why?	How far is it?	How do you get to …?	How long does it take?	How much is it?
…						

要求学生在规定时间内进行采访,看谁完成的人数最多。任务的设计不仅帮助学生复习了本单元所学习的目标语言,而且较好地实现了英语同地理学科、数学学科间的整合,使学生在完成任务的过程中,发展了语言能力、逻辑能力和判断推理能力。根据采访结果,按喜欢去的不同城市将学生划分成五个旅行团。

4. 小组活动

根据教师所提供的信息,各小组讨论旅行所用的交通工具,并完成下面的表格。

Group Name	Good	Bad

通过完成表格,对各种交通工具的优缺点进行比较,在表述过程中也锻炼了学生的文字组织能力和语言表达能力。

5. Make up a tour plan

各旅行团拟订旅行方案,包括:logo, mission, solution and transportation 等,并形成书面计划书。设计 logo,提高了学生的艺术审美能力和创新能力;在有限的时间内合理地安排旅行方案,训练了学生的组织能力和写作能力,培养了学生与人合作的能力。

6. Bid for China Tour

举行招标大会,以小组为单位宣读所拟订的旅行方案,由全班学生选出中标的旅行团。听力、口头表达能力、判断能力均得到不同程度的发展。

7. Assessment

中标团和非中标团分别陈述中标团中标的原因。在锻炼口头表达能力的同时,也教会学生欣赏他人,并通过正确的评价建立自信。

Homework

旅行之后一定有太多的感受和感想,要求学生以书信或电子邮件的形式向政府提出合理化建议,以改善交通环境。

整个教学过程中,为学生创设了比较真实的情境,教师把课堂主阵地还给学生,是一个学生主动运用本单元所学目标语言解决实际问题的过程,使学生"学了就用","在用中学","在用中进一步巩固",使学生在做事的过程中体验到学习的乐趣和成功感,从而更好地投入今后的语言学习活动。

【学案评析】

本单元的中心话题是"Transportation",围绕"How do you get to school?""How long does it take?""How far is it?"层层展开,并采用"任务型语言教学途径",编排了一系列凸显"交际功能(Talk about how to get to school)"运用的听说读写综合语言活动,让学生学会谈论如何到达某个地方,距离有多远,要花多长时间等。这些活动紧贴学生的生活实际,极具真实性,从而使学生的个人经历成为课堂学习的有效图式,有助于学生对所获取的声音和文字英语信息的理解;有助于调动他们用英语表达自己的经验和感受的兴趣、热情;有助于促进他们语言功能的运用;有助于提高他们为应用而主动学习和掌握语言知识(词汇和语法结构等)的积极性。采用情境法、交际法和任务型教学途径,使英语学习任务化,学习活动生活化,通过设置多样化的任务,巧妙注意任务的序列性,让学生在教学活动中参与和完成真实的生活任务,从而培养学生运用英语的能力。在教学过程中,坚持"以人为本",关注学生的情感,关注学生的发展,把说的机会留给学生,把思考的时间还给学生,把做的权利交给学生。充分发挥多媒体辅助教学的优势,集图片、声音、动画于一体,使课堂教学更为形象,更为直观,更为生动,学生更有兴趣,印象也会更深刻。采用小组合作学习的方式,让学生学会交流,学会分享,学会合作。

(注:根据安徽省界首市张咏歌老师提供的教学案例整理和改写。)

☞ **教学课例 5** Teenagers should be allowed to choose their own clothes?

(初三英语)

【学习内容与学情分析】

本单元要求学生掌握语言结构 should be allowed to 以及学会表达 agree 和 disagree。让学生学会谈论自己应该被允许做的事情和不被允许做的事情,勇于发表自己的观点和意见,表达同意和不同意,让学生明白接受父母和老师的合理建议对他们成长的重要性。

初中英语教学中写的能力培养力度不够,许多初中学校仅仅把写作教学当作备考的一项任务。平时的写作教学时间无保证,缺乏系统、高效的写作训练。

即使初三年级开展了一些专项写作训练活动,但往往由于时间紧、急于求成等原因,也收不到很好的教学效果,致使许多初中学生的书面表达能力达不到初中英语课程标准的要求。

【学习目标】

运用本单元所学的词组和句型,并结合自己的生活经验,写出连贯且结构完整的短文,作到能清楚地表达自己的观点和态度。

【学习重点】

语言结构 should be allowed to 以及 agree 和 disagree 的用法。

【学习难点】

用合适的语言表达自己的观点。

【学习过程】

Step1. Warming up

Ask two students to talk about their clothes they are wearing today. (One is wearing school uniforms; the other is wearing his own clothes.) Ask the students if they like wearing school uniforms or their own clothes. Ask them to say the reasons.

Step2. Let's discuss

在屏幕上展示一幅青少年正在挑选衣服的图片。

T: What's the girl doing?

S: She's choosing clothes.

T: Are you allowed to choose your own clothes?

Some students say "yes", some say "no".

T: Do you think teenagers should be allowed to choose their own clothes?

Ask the students to discuss in groups of five. Then tell the whole class their opinions.

Step3. Let's debate

1. Show a picture of a mobile phone on the screen.

T: What's this?

S: It's a mobile phone.

T: What can it do for you?

Ask the students to discuss in groups of five.

2. T: Do you have a mobile phone? Do you think you should be allowed to bring mobile phones to school?

Divide the class into two groups. Give them two minutes to prepare. Then ask them to argue pro and con. Encourage them to express their opinions. The more they say, the more flags they will get. As the students are debating, the teacher writes the phrases and key words on the blackboard.

Step4. Let's write

After debating, ask the students to write the composition "Should middle school students be allowed to bring mobile phones to school?" on the paper.

Show some useful expressions on the screen to help them. Encourage them to use their own languages to show their opinions. If they use the expressions the teacher offers, they will get one star. If they think of other expressions, they can get two stars.

Step5. Let's correct

1. 挑选两篇不同观点的文章，用投影仪展示在屏幕上，老师和学生共同批改，找出文章中的好词好句，对有毛病的地方加以适当修改，并给出分数。

2. 学生互相交换各自的文章进行批改评分，时间允许的话，把学生批改好的文章用投影仪展示在屏幕上，看看批改是否得当。

通过开展本环节的活动，使学生学会重视对文章的批改，使他们能从写过的文章中吸取经验教训，提高写作水平。

Step6. Homework

让学生以"Should middle school students be allowed to read net novels?"为题，写一篇80～100字的文章。

【学案评析】

本学案以贴近学生生活实际的话题"Should middle school students be allowed to bring mobile phones to school?"为主线，通过讨论、辩论等多种形式给学生搭建一个平台，让学生大胆地用英语表达自己真实的观点，并用文字表述出来。通过本节课的训练，激发大部分学生的写作热情，调动学生的学习自主性，收到良好的效果。在第一环节，通过谈论学生的衣着，为下一环节的讨论作铺垫，自然地导入下一个环节。在第二环节，通过讨论，学生既复习了本单元的词汇和语言结构，又为即将到来的辩论作好了准备。在第三环节，学生自然地运用本单元的语言结构 should be allowed to do 来表达自己的观点和意见，并且为下一步的写作训练理清思路，列出提纲。本学案还设计了师生共同批改作文的环节，该环节的加入使学生学会重视对文章的批改，使他们能从写过的文章中吸取经验教训。本学案的作业设计有利于教材内容的巩固与提升，有利于学生写作能力的提高。

（注：根据安徽省界首市张咏歌老师提供的教学案例整理和改写。）

教学课例 6　I used to be afraid of the dark

（初二英语）

【学习内容与学情分析】

本单元的核心话题为"talk about what you used to be like"，谈论自己和他人的外貌、性格、爱好。本课时主要针对人物的外貌进行谈论。以观察图片、听力理解等训练方式和独立学习、合作交流、完成任务等形式完成目标语言的输入，学习句型"used to"为主要学习任务。通过对于前置性作业的完成，培养学生自主学习的习惯，并且设置任务型综合性语言实践活动，让学生在交际活动中，学会正确地用英语表达自己的意见和建议，重在培养学生的习得语言运用能力、实践能力、合作能力及创新意识。学生已经学过一般过去时，大部分能利用一般过去时谈论过去发生的事情，并且已经掌握表示外貌和性格的一些词语。根据以上对学习内容的分析，同时针对学生学习外语存在一定困难的实际情况，首先给学生创造外语语言氛围，创设一定的语言情景，这样可以激发学生学习的兴趣，使学生在参与一系列活动中掌握知识。

【学习目标】

1. 知识目标

(1) 学习有关"used to"的用法。

(2) 学习句型：Mario used to be short. You used to be short, didn't you?

(3) 如何利用"used to"谈论过去的外貌。

2. 能力目标

(1) 依托本单元的语言素材提高学生听、说、读及自主学习、创新和沟通能力。熟练掌握"used to"句型，培养学生运用语言的能力。

(2) 培养学生善于听说、乐于听说的良好习惯和学习能力。

(3) 运用图片，充分调动学生的感官，培养观察力和注意力。

3. 情感态度目标

(1) 在表演中培养学生乐于表达的人际交往能力和知识创新能力。

(2) 在合作完成任务的过程中，培养乐于助人的良好品质。

【学习重点】

"used to"句型。

【学习难点】

运用"used to"句型谈论自己与他人的变化。

【学习过程】

一、学习准备

针对第一单元的主要内容进行对话练习。检查前置性作业完成情况。对于本课的 1a 部分，通过布置前置性作业，让学生自主完成。这部分内容是对先前所学知识进行总结，学生完全有能力独立完成。让学生准备好现在和以前的照片，用图片展示人物过去与现在的变化，让学生体会"used to"的用法。让学生根据图片所提供的信息回答问题，从图片导入，为本课学习"used to"句型作铺垫。

二、学习过程

Step1. Revision

1. Play a game to review words of appearance and personality.

2. Ask them to read together.

<u>Appearance</u>　　　　　　　　<u>personality</u>

tall, short, heavy, thin,　　　　kind, sweet,

short hair, long hair,　　　　　active, funny,

straight hair, curly hair,　　　　smart, friendly,

big eyes　　　　　　　　　　　unfriendly, outgoing, shy, quiet

Step2. Pair work

1. T：What does he look like? Ss：He has long hair.

2. Play a guess game. Ask students say someone and guess.

Step3. Presentation

Teacher shows two pictures of famous stars.

1. Ask：What does he look like now? Ss：He has long hair and wears glasses now.

2. Ask：What did he look like over twenty years ago?

　　Ss：He used to have short hair.

Step4. Teacher shows another two pictures of herself. One is now, the other is past

I'm fat now.　　　　　　I used to be medium height and build.

I have long hair.　　　　I used to have short hair.

I like traveling.　　　　　I used to like making cakes.

Step5. Teacher shows title：Unit2 I used to be afraid of the dark on the blackboard

Step6. Teacher shows other pictures, guide students to use "used to do""used to be"to make sentences

Step7. Pair work

A：What did you use to look like?

B：I used to be quiet.

Step8. Activity 1b

1. Play the tape. The Ss listen and fill in the blanks. What did his friends

use to look like?

2. Listen again and check up the answers.

3. Read together.

Step9. To practice negative sentence

For example：

Mario used to be short.　　　　Mario didn't use to be short.

He used to wear glasses.　　　 He didn't use to wear glasses.

Amy used to be tall.　　　　　 Amy didn't use to be tall.

Step10. Pair work

Take out your young photos. Then talk about how you have changed with your classmates.

Example：

This is my photo when I was five years old. I used to be short. And I used to have short hair. ...

Step11. Sum up

You used to be short.

She didn't use to be really quiet.

Did she use to have long hair?

He used to wear glasses.

used to +动词原形（表示过去经常、以前常常，只用于过去式，用来表示现在已不存在的习惯或状态。）

Step12. Homework

翻译下列句子：

1. Mario 过去总是很矮。

2. Amy 过去性格外向。

3. Tina 过去有一头直的长头发。

【学案评析】

本学案注重培养学生的语言交际能力。课前几分钟会话，让学生自由用英语交谈，允许学生模仿课文内容，既复习了先前学习的内容，又提高了口语能力。在课上利用多媒体出示图片，让学生对于新知识有进一步的了解。运用图片的呈现使动作直观地展现在学生面前，利用多媒体图片教新单词和句型，使学生在课堂上能更直接、更立体地记忆，加深了对单词的理解，以免学生抽象地记单词和句型。在说的过程中配合图片，以帮助理解；由模仿到练习，反复刺激学生的感官，增强学生对新知的理解和运用。结合课文内容，让学生用当天所学的知识进行表演。创设真实的语言环境,让学生对所学句型加以训练,提高了运用语言交际的能力。

值得一提的是,在设计过程中,要充分考虑学生的差异,使不同层次的学生都能完成任务,使全体学生都能够参与活动,从而激发学习兴趣与热情。在课堂上应经常复习旧知识,让学生反复操练,顺利地完成一个个学习目标。使用这种方法,不仅让学生及时对学过的知识进行有效复习,也为新知识的学习打下基础,新知识变得更容易为学生所掌握,使每一名学生轻松愉快地完成学习任务。

(注:根据安徽省界首市张咏歌老师提供的教学案例改写。)

教学课例 7　My name is Gina

(《新目标英语》初一英语上)

【学习内容与学情分析】

学习内容主要有:掌握介绍自己和问候他人的句型:What's your name? My name's Gina. Nice to meet you! 掌握 be 的一般现在时形式;掌握 what 引导的特殊疑问句;掌握形容词性物主代词:my,your,his,her。

由于学生以前没有学过英语,没有基础,没有语感,为了让学生有一良好的开端,利用多媒体课件辅助上英语课,学生视听感受明显,表现出极大的兴趣,在欣赏和享受中学习,学习效果很明显。

【学习目标】

(1)引导学生学会如何问候他人和学会如何作自我介绍;能从对话中获取对方的基本信息;建立班级电话号码簿;学会制作个性名片;能向他人简单地介绍自己名字的含义。

(2)把所学到的语言知识和生活实际联系起来,使学习过程生活化。

(3)学会不断发现问题,并用自己已有的知识水平和生活经历来解决实际问题。如个性化名片的设计,培养学生的动手能力,展示了学生的个性。

(4)通过小组对话、讨论、调查和设计等一系列活动,培养学生的合作意识和团队精神。

【学习重点】

引导学生学会如何问候他人和学会如何作自我介绍,从对话中获取对方的基本信息。

【学习难点】

通过结交新朋友,学会如何礼貌地与他人交往。

【学习过程】

Step1. Leading in

1. Greet with the students by using "good morning/ good afternoon/

hello/ hi..."

2. Revise "What's this in English?" by showing some lovely toys. (e. g. a clock)

3. Ask the students to look at the picture in 1a and see how many other words they know.

Step2. Listening

1. Divide the class into groups of four. Ask them to look at the picture in 1a for about two or three minutes, first list the words as many as possible and then share with group members.

2. Memory challenge. Ask some groups to make a report to see which group has the most words. Meanwhile the teacher writes some easy and important words on the blackboard.

3. Give the students a few minutes to copy the words on the book.

Step3. Presentation

1. The teacher asks one of the winners "What's your name?" Ask the winners to introduce themselves "I'm... or my name is..." Then the teacher puts on a lovely mask and says " Oh, I'm... Nice to meet you..." help the students to answer "Nice to meet you, too."

2. Write the target language on the blackboard and ask the students to repeat.

—What's your English name?

—I'm gina.

—My name is Alan. Nice to meet you!

—Nice to meet you, too.

Show some pictures of boys and girls and teach the new words of the boy's name: Alan, Jim; the girls' names: Mary, Jenny, Gina.

运用卡通图片这样的直观教具,学生会非常感兴趣,很快就能积极投入学习中。

Step4. Listening and numbering

1. Look at 1b and ask some pairs to read the conversations.

2. Play the recording for the first time. Students only listen.

3. Play the recording a second time. Students number the conversations.

4. Check the answers.

5. Imitate 1b.

Step5. Pair work

1. Say the conversations in 1b, substituting the names of students in the class. Have students repeat.

2. Ask the students to practise the conversations in 1b with a partner. Tell them to use their own names.

Step6. Competition

1. Ask the students to greet each other within five minutes and write down their partners' names, the more, the better. They can use the target language.

—What's your english name?

—My name's ...

—How do you spell it?

—Hello. I'm ... Nice to meet you!

—Nice to meet you, too.

2. While they are greeting, the teacher moves around the classroom checking pronunciation and offering help as needed. Encourage the boys to greet with girls and girls greet with boys.

3. After five minutes, ask the students to count how many names they've got. The students who get the most are the winners.

Step7. Homework

1. Recite 1b.

2. Write the new words of 1a.

3. Ask the students to bring some nice pictures of their friends, family members, pets etc.

【学案评析】

任务型语言教学倡导"在做中学，在做中用"的教育理念，根据这一理念，该学案以任务为中心将语言应用的基本理念转化为具有实践意义的课堂教学方式，运用学习任务组织教学，强化语言实践的过程，充分体现了语言的交际本质。在英语课堂上，实施任务和开展活动具有很大的挑战性，需要在实际操作中对教材进行重新整合，并要根据学生的学习环境和接受能力来开展行之有效的任务和活动。同时利用多媒体和网络技术，帮助解决教学难题。这样，既能为学生创设真实可视的英语学习环境，也能激发学生积极参与的欲望，引起学生的共鸣和兴趣。在导入阶段，利用玩具拉近师生的距离，既能复习单词又能复习句型。在第二阶段，将所学知识自然延伸，起到承上启下的作用。在第三阶段，开展竞赛活动，既可调动课堂气氛，又可提高学生的求知欲，可谓一举多得。教师戴上面具与学生交流,就把"我是一个新形象"这一信息清晰地传达给学生。学生也能轻而易举地接收这一信息,因为他有过类似的生活经验与体验。这样做的目的在于为 Nice to meet you. 提供一个真实的情境,让学生理解它是用于初次见面的问候语,同时自然地导入本单元的目标语。第四阶段是一个巩固性活动,要求学生能运用目标语进行真实的交际。同时,在活动过程中,学生又锻炼了拼写能力。男女同学进行问候练习既为下一节课 his/her 的运用作好准备,同时也使学生养成良好的运用英语的习惯。

(注:根据安徽省界首市张咏歌老师提供的教学案例整理和改写。)

教学课例8　HELPING AT HOME

Lesson 3 Fun Reading and Writing

【学习内容与学情分析】

1. Textbook Analyse(教材分析)

本单元选自外研版小学英语 Book5 Unit3 Lesson3,教学主题为 Helping At Home. 课型为阅读写作课。五六年级英语教材出现了显性的阅读语篇,如何通过开展有效的阅读活动帮助学生理清阅读文本的思路是教师备课的重点。在前两课时中学生学习了有关做家务的动词短语,并且操练了谈论第三人称做某事的句型,这为本课拓展阅读奠定了基础。本课话题"做家务"与学生实际生活联系密切,学生兴趣浓厚,有话可说。所以在教学设计中,我注意贯彻新课标理念,引导学生进行高质量的阅读,引发学生的写作欲望,实现口语表达向书面表达的转化,以说带写,以写促说,进一步增强小学生运用所学语言的能力,有效提高小学生的英语水平。

2. Students' Situation(学生分析)

本节课的学生对象为高年级学生,如何让他们保持对英语持久的兴趣是关键。他们喜爱游戏、比赛、歌曲等轻松的学习方法,因此在教学中要时时尊重他们的主体性,关注各个层次的学生,注意评价的多样性与有效性,发挥他们的学习主体性,以达到学以致用的目的。

【学习内容】

以对话为主要形式的短文阅读。

Main sentences pattern

How does he help?

He sweeps the floor/waters the plants/_____.

【学习目标】

1. Knowledge and cognitive aims

能听懂、会说并认读故事中的新单词。

能理解有关谈论做家务的交际用语并熟练朗读。

能正确理解并初步朗读故事。

能在说的基础上写短篇的小文章。

2. Ability aims

通过学习课文,理解有关做家务的英语表达,并能与他人合作梳理和总结所学的交际用语。

培养阅读技能,带动其他语言技能的发展;在完成任务的过程中提高发现问题和解决问题的能力。

3. Emotional aims

通过小组合作共同完成学习任务,培养合作意识,发展合作能力,激发学习英语的兴趣。

提高学生的劳动意识,懂得热爱生活、关心家人,养成讲究卫生热爱劳动的好习惯,培养乐于助人的优秀品质。

【学习重点】

如何培养学生有效的阅读策略,在读、说的基础上进行初步简单的写作。

【学习难点】

怎样设置并开展有效的阅读活动来帮助学生理清阅读文本的思路。

【学习方法】

1. Total Physical Response

通过肢体动作,引导学生全程全身参与教学活动,理解语言内涵。

2. Listening and Speaking

3. CAI

利用多媒体教学手段,增大信息量。

4. TBL

提供准交际环境,创设语言交流平台,让学生获取信息差,促进语言交际。

学法指导:

操练:贯彻"词不离句、句不离篇"的教学原则,让学生以生活为课堂,逐步提高语言运用能力,并形成自主学习的能力。

自主阅读:以自主阅读方式为主,给学生更多独立阅读的机会,引导他们反思阅读中遇到的困难。

合作朗读:跟读、齐读、小组读,学生在小组中共同完成学习任务,在合作中感受学习英语的乐趣。

评价:始终激发学生的兴趣,保持注意力。

【学习教具】

CAI课件,flashcards,stickers,short passages

【学习过程】

Step1. Pre-Reading（Warming-up）

导读活动(激活学生原有的语言知识及背景知识的存储,帮助学生解决语言理解上的困难,为接下来的阅读扫清障碍。)

1. Greetings

T：Hello! Everybody. My name is Linda. Nice to meet you!

Ss：Nice to meet you, too.

T：Let's sing the song!

Purpose：上课伊始,和学生进行简短而亲切的交流。唱歌是他们喜爱的活动,有利于课堂气氛的活跃。

2. 教学新单词 helpful

T：I'm your new teacher today. Do you want to know about me? How do I help at home? I have a VCR for you. Let's enjoy!

Purpose：利用我的做家务短片向学生更直观生动地进行主题输入,直接有效,并以此激发学生的学习兴趣。有意识地对helpful这个新词进行理解渗透,让学生初步感知这个词的含义。

3. Revision

T：Yes. How do I help at home?

S1/S2：…

Let's sing the song together.

T：I can do lots of things at home. So I'm helpful.

师板书故事题目中一部分, helpful.

T：How does he help at home?

歌词内容为做家务的问答句。

Purpose：利用歌曲帮助学生复习所学内容,解决阅读中所需要的语言结构,为阅读短文的环节作准备。同时用节奏感强的歌曲来巩固所要用到的动词短语,学生兴趣盎然,学得轻松愉快。在竞赛中评价学生。

4. Writing the title of the story

T：We have another new friend here. Come and meet who he is.

学生听录音,从听中获取信息。

师板书故事题目另外一部分, Bob is helpful.

Step2. While-Reading（Story Learning）

1. 读短文题目,预测短文内容

T：Look at the topic " Bob is helpful". Can you guess what the story is about?

Purpose：引导学生通过短文标题预测短文内容。

2.视听故事，整体感知和理解

在让学生听故事前布置如下任务：

T：Let's watch and listen to the story together. Before listening, I'll give you two questions. Please try to answer the questions after you watch the story, OK?

PPT：(1) Is Bob a boy?

(2) Is Bob helpful?

视听后回答这两个问题，老师检测答案。

Purpose：向学生渗透 Skimming 的阅读技巧。

3.细读课文抓细节

(1)教师先呈现问题，How does Bob help at home?

（板书问题于黑板）

(2) T：Now read the story quickly and try to find the answers to this question. You can draw some straight lines under the sentences.（板书并示范）

Purpose：向学生渗透 Scanning 的阅读技巧。

(3)学生自己阅读并找出答案后，汇报自己的阅读结果。教师适时板书问题答案的要点。

(4)老师结合板书内容提问：How does Bob help at home? 使学生熟悉板书内容，并加深对课文内容的理解。

(5) T：Who is Bob?（点明主旨，Bob 是机器人）

老师将 robot 图贴在课题旁，并教读此单词。

4.完成练习，巩固检测理解

T：Now Let's finish the Part B on page57. Check True or False.

Purpose：检测学生对新知识的掌握情况，并及时反馈。

5.朗读课文

(1)跟录音朗读，引导学生注意语音、语调和意群，同时强化重点句型的朗读。

(2)全班齐读。

(3)小组对读。

Purpose：通过朗读训练进一步加深学生对文章细节的理解，同时纠正学生语音语调等发音层面的问题。

6.采访活动

Step3. Post-Reading（Writing）

T：OK. We know Bob is helpful at home. Let's write the short passage for him.（师让生完成课本上 C 部分的填空,然后全班检测,在板书上引导生上前填写句子。）

写作范例：

出示幻灯片：一篇关于 Bob 的介绍短文。全班齐读。

拓展写作：

T：I'm your new teacher today. Do you like me?

Can you write a short passage about me.

I have a example for you.

幻灯片：Linda is my new English teacher. She is _____.
How _____ she help at _____? Look!
She _____ the vegetables and dishes. She _____ the floor. She _____ the furniture in the kitchen. Oh!
She has some _____. She _____ the plants. I like her. I want to be her friend.

Purpose：利用我的做家务短片向学生更直观生动地进行阅读拓展,直接有效,为学生创造运用所学知识的机会,训练他们在实际生活中运用所学语言的能力。并以此激发学生的写作欲望。

Step4. Summary

T：当我们拿到一篇文章后,首先可以根据题目预测文章内容,然后迅速浏览全文,了解文章的主旨,最后细细品读文章的细节,寻找自己感兴趣的内容。在阅读时,我们可以使用一些符号作标记。这些都是我们应该掌握的阅读技巧。写作时要抓住总起句,围绕中心写。

Purpose：结合本节课教学,及时为学生总结归纳简单、有效的阅读方法和技巧。

Step5. Homework

根据本课所学内容,和你的小组成员自编一段谈论一位同学或你的家人做家务的小短剧,下节课在全班汇报。创编对话后,把对话改写成一篇记叙文,习作：描写你的一个同学或家人做家务的小短文,明天交。

周末有条件的同学可上网观看新英文原版电影《阿童木》,看看这个机器人都能作些什么。

Purpose：倡导"对话记录",培养学生的写作能力,在口语交际的基础上进行写作训练,可以激发学生英语写作的主动性和创造力,使英语写作活动变得简单易行,使学生的口语表达能力、写作能力相互促进和提高。

【学案评析】

兴趣引导兴趣,激情点燃激情。利用现代信息技术,创设立体化的教学过程,丰富了学生的思维和想象,激活他们的语言储备,从而使教学变得轻松、愉快。在复习导入环节,通过课件快速呈现并拓展所学词组,学生边听边动脑复习所学词汇,既激活了学生的思维,营造了英语学习氛围,又复习了所学内容,这就为会话教学作好了准备。在呈现环节,用课件呈现了许多孩子们感兴趣的事情,使学生轻松拓展,从而使语言学习过渡到生活运用。

根据五年级学生的认知水平,采用分散难点和逐一突破的渗透式教学。教学环节没有硬性区分,上下环节互有渗透。在活动形式上力求多样化,并且采用学生熟悉的、感兴趣的材料。同时注重创设情境让学生感受语言,在活动中体验语言,在任务中运用语言。活动设计考虑先易后难,在情境任务中完成对单词和句子的学习,富有情趣的情境使学生从外在的环境和内在的心境都感受到自己正处在真实的语言运用与交际活动中。真正作到用教材教,最终走出教材去运用知识。

运用与扩展建立在扎实的语言基础之上。本节课从单词的引入、操练再到巩固,始终坚持词不离句的原则,在句中练,在句中用,既巩固了单词学习,又熟悉了句型,同时提高了学生的阅读能力与技巧。

(合肥市杏林小学　聂玲)

第五章 思想品德先学后教课堂教学模式研究

《义务教育思想品德课程标准》(2011年版)的"教学建议"提出:"教学中,教师要激发学生的学习积极性,引导学生通过调查、参观、讨论、访谈、项目研究、情境分析等方式,引导学生主动探索社会现实与自我成长中的问题,在合作和分享中扩展自己的经验,在自主探究和独立思考的过程中增强道德学习能力。"新的课程标准要求思想品德课教师积极改革课堂教学模式,重视学生的自主学习、合作互动和探究实践,重视学生道德实践能力的培养和训练。思想品德课教育教学实践表明,"先学后教,当堂训练"教学模式既能较好地落实思想品德新课程的教学理念,又能较好地提高思想品德课的教学实效。

引言 新课标下思想品德学科先学后教课堂教学模式的基本理念与要求

对思想品德学科先学后教课堂教学模式的探讨和实践,最早源于江苏省泰兴市洋思中学,后在全国许多地方推广和运用,它是在对"先教后学,课后作业"(复习—讲授—小结—布置课后作业)传统课堂教学模式的批判继承基础上进行革新而形成的新教学模式,即"先学后教,当堂训练",强调把自主学习、合作学习、探究学习等先进的教学理念融汇在教学过程中,重视学生自学能力的培养和主体作用的发挥,重视学生的道德实践和道德体验,突出学生和教师的双重发展,突出教师对学生自学的明确指导,突出对学生正确的情感态度价值观的培养和引领,其基本理念和要求如下:

第一,面向全体,坚持学生为本。

关注学生的发展是新课程的核心理念。在思想品德课程实施和教学过程中,思想品德课教师要落实"为了每一位学生的发展"的理念,必须关注每一位学生,重视学生的情绪生活和情感体验,关注学生的道德生活和人格养成,关注学生的学习结果和继续发展,特别要关注学生学习的意愿、能力以及情感态度价值观等方面的健全发展。思想品德课教师在课堂教学过程中,要面向全体学生,不歧视任何一个学生,关注和重视每一个学生在学习过程中的表现,既不忽视学生在学习过程中出现的过错和失误,也不吝惜对学生在学习过程中的进步和精彩表现进行表扬和激励。同时,思想品德课教师要合理发挥其主导作用,突出"以学生为本",认真落实学生的主体地位,重视激发学生学习、成长的信心和热情,激励学生自主学习、自主探究和积极实践,引导学生自主建构学习内容体系,努力为学生的终身学习和发展奠定基础。

第二,关注生活,帮助学生成长。

学生的思想品德是在对生活的认识、体验和实践过程中逐步形成的。随着初中学生生活范围的逐渐扩大,他们需要处理的各种关系日益增多。面对学生的成长,思想品德课程要在学生逐步增加的生活经验的基础上,与他们一起体会成长的美好、面对成长中的问题。思想品德课教学要源于学生生活,在传授道德、心理、法律和国情等基本知识理论的基础上,注重培养学生观察事物、认识世界、解决问题的能力,为学生正确认识自我,处理好与他人、集体、国家、社会的关系,思想品德获得健康发展提供必要的帮助,促进学生形成良好的道德标准和价值取向,培养学生科学的世界观、人生观和价值观;引导学生在真实的生活中学会生存和发展,做一个负责任的公民,过积极健康有意义的生活;激发学生道德学习的愿望,不断提升学生自我成长的需求,引导学生一辈子做有道德的人。

第三,指导学法,注重能力培养。

在思想品德课教学中,教师要根据学生身心发展的特点,尊重学生学习与发展的规律,科学组织课程内容,精心实施教学,激发学生学习思想品德课程的积极性,引导学生通过调查、参观、讨论、访谈、项目研究、情境分析等方式主动探索社会现实与自我成长中的问题,加强对学生的学法指导,注重培养和发展学生良好的思维品质和学习习惯,激发学生带着问题走进课堂,引导学生全面提高能力,培养学生学会调控情绪,掌握交往与沟通的技能,积极参与社会公共生活,积极适应信息化社会,学会在面对复杂的社会生活和多样的价值观念时能作出正确的判断和选择,自觉运用法律武器维护合法权益。

第四,倡导体验,促进道德践行。

情感体验和道德实践是学生进行道德学习的重要方式。在思想品德课教学中,教师要结合初中学生的生活实际,善于利用并创设丰富的教学情境,引导学生积极参与课内课外的实践活动,教师可以通过对话、沟通和情境分析等多种活动形式,鼓励学生在实践中学会合作和分享,鼓励学生在积极体验和探究中思考社会现实和自身成长问题,引导和帮助学生通过亲身经历与感悟,在获得情感体验的同时,深化思想认识。重视培养学生在鲜活的生活主题中提炼正确价值观念的能力,促进学生在积极的道德践行中认同社会主义核心价值体系,努力培养学生具有正确的思想观念和良好的道德品质,促进学生成为有理想、有道德、有文化、有纪律的社会主义合格公民。

一、思想品德新授课先学后教课堂教学模式典型课例研究

在思想品德新授课中,先学后教课堂教学模式一般是一次"先学后教",一次

"当堂训练",教学过程共有六个环节,即:板书课题、揭示目标、自学指导、先学、后教、当堂训练。其中前三个环节为辅助环节,后三个环节为主要环节。在思想品德授课中,教师既要重视引导学生运用已有的阅读知识和能力,认真阅读教材,思考问题,进行讨论交流,又要重视引导学生提高阅读和自学教材的能力。

1. 板书课题

上课伊始,教师开门见山导入新课(注意针对性),激发学生学习思想品德课的兴趣,并板书课题,或者借助于多媒体屏幕显示课题(注意音、色、画的有机组合),或者教师一边导入,一边板书课题。

2. 揭示目标

板书课题后,教师口述(或运用小黑板,或通过投影出示)学习目标,让学生明确本节课的学习任务,提高思想品德课的学习效率。

3. 自学指导

明确教学目标后,教师可通过多种方式让学生清楚自学的内容、方法、时间、要求和具体的思考题,对学生自学进行有效的指导。

4. 先学

教师在对学生进行自学指导后,要及时引导学生进入"先学"环节,即"看书思考"和"检测反馈"两个环节。

(1)学生看书思考答案。学生按照自学指导,阅读课文,认真思考,找出正确答案。

(2)教师检测评价引导。在学生阅读教材后,教师可通过提问、板演等方式,检测学生阅读思想品德课教材的效果,了解学生对教材内容的理解和运用情况。

5. 后教

在对学生进行检测评价后,即进入"后教"环节。教师在"后教"环节,要发挥学生互教的作用,引导学生相互合作,优秀学生帮助学困学生,会的学生教不会的学生,在此基础上,加强教师与学生的合作,更好地培养学生的自育自教能力。

6. 当堂训练

"后教"环节结束后,即进入"当堂训练"环节。通过"当堂训练",培养学生运用新知识的能力,作到学习任务"堂堂清",促进学生更正不足,提高综合素质。

教学课例1 建设社会主义精神文明

【学习内容与学生分析】

1. 学习内容分析

本课是人民教育出版社《思想品德》九年级第三单元第八课第一课时内容,意在引导学生养成文明礼貌的行为习惯,促进学生在了解中华民族传统美德的基础上,以自己的实际行动促进社会主义精神文明建设,感受个人情感与民族文化、国家命运之间的联系,提高文化认同感。

2.学生分析

九年级学生抽象逻辑思维能力有了很大提高,独立判断能力有了较好发展,开始理解和关心社会,爱参加有意义的集体活动,开始思考人生问题,富有理想,但是看问题尚不全面,容易急于下结论,人生观、世界观处于萌芽状态,对待社会主义精神文明建设有了一定的认知,但是还需要教师进一步引导,以正确理解社会主义先进文化的内涵和特征。

【学习目标】

1.情感、态度、价值观目标

认同社会主义先进文化,自觉履行公民道德基本规范,树立以"八荣八耻"为主要内容的社会主义荣辱观。

2.能力目标

(1)具有牢牢把握先进文化前进方向的能力。

(2)具有抵制各种落后文化和腐朽文化侵蚀的能力。

3.知识目标

(1)了解社会主义社会是物质文明、政治文明、精神文明、社会文明和生态文明相辅相成、协调发展的社会。

(2)认识社会主义精神文明建设的地位。

(3)了解先进文化的指导思想。

(4)理解先进文化的中心环节和基础工程。

【学习重点和难点】

1.重点

社会主义精神文明建设的中心环节和基础工程。

2.难点

牢牢把握社会主义先进文化的前进方向。

【教法与学法】

1.教学方法

(1)情境导入法。

(2)直观演示法。

2.学习方法

(1)自主探究法。

(2)合作讨论法。

【教学准备】

师生通过百度搜集有关社会主义精神文明建设的资料。

【教学过程】

通过强大的百度搜索功能,搜集学生感兴趣的材料以作课前热身活动。

(具体活动略。课前师生共同参与活动,为营造课堂教学氛围奠定了情感基础。)

一、创设情境,趣味导入

导入:有人作过统计,2011年有四个非同寻常的日期:1/1/11,1/11/11,11/1/11,11/11/11。在这一年,用你的出生年份的最后两个数字加上你这一年的年龄,最后的结果将是:111!所有人都一样!2011年是个财年;2011年的十月份有五个星期六,五个星期天!这样的年份每823年才有一次。这种特殊的年份叫作"钱袋年"!如果说2011年那些特殊的日子和巧合,为我们的生活平添了许多神秘的色彩,而每年春晚所留下的经典语句更是令我们的生活妙趣横生。

举例:春晚经典语句:

你能不能阳光一点。

用谎言去验证谎言,得到的只能是谎言。

我顶多就是雷锋的传人,你们就叫我雷人吧。

感谢中央气象台,感谢搜狗气象台。……

利用百度搜索功能搜集春晚相关的经典语句和图片,进而调动学生的学习积极性,以达到传统课堂教学方式无法达到的课堂效果。

引导提问:2010年春晚更是出现了"强烈抗议广告时间插播电视剧"这样的话语,是广告时间插播电视剧么?

利用百度图片搜索功能,把电视剧时间插播广告这一情形形象地展示在学生面前。

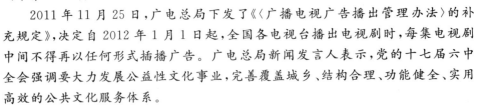

(学生思考回答)

教师总结:如今,"广告时间插播电视剧"问题已经得到彻底解决。(通过百度搜索找到广电总局关于黄金时间电视剧中禁止插播广告的报道。)

2011年11月25日,广电总局下发了《〈广播电视广告播出管理办法〉的补充规定》,决定自2012年1月1日起,全国各电视台播出电视剧时,每集电视剧中间不得再以任何形式插播广告。广电总局新闻发言人表示,党的十七届六中全会强调要大力发展公益性文化事业,完善覆盖城乡、结构合理、功能健全、实用高效的公共文化服务体系。

提问:从2012开始,我们终于可以一口气看完一集电视剧。在这条新闻里有一句话值得大家关注:党的十七届六中全会强调要大力发展公益性文化事业。2011年10月15日至18日召开的中国共产党第十七届中央委员会第六次全体会议把"文化建设"提上日程,强调要重视社会主义文化建设。在当代中国为什么要重视文化建设?

(通过列举2011年特殊年和春晚经典语句,激发学生的学习兴趣。通过了解广电总局的通知,引发学生思考,引导学生关注党的十七届六中全会精神,进而突出本课重点问题之一———文化建设。)

二、播放视频,切入主题

播放视频:领会十七届六中全会精神,聚焦"文化命题"。(百度具体网址: http://www.tudou.com/programs/view/VTZ3O_cUzZE/)

提问:通过刚才的视频,你能否说说为什么我们国家要把文化建设提上日程?(学生答略)

教师总结:文化建设既是建设中国特色社会主义社会的重要内容,也是社会生活中提高精神文明建设的要求。改革开放以来,我们的物质生活极大地丰富了,但我们的精神生活却与之不相匹配。

(漫画《小儿麻痹症》形象地展示了当今物质文明和精神文明建设之间的关系。)

请学生结合漫画,阅读教材101页相关链接,总结文化建设的作用:文化建设为经济建设、政治建设、社会建设提供精神动力、文化环境和智力支持。

教师总结:文化又分为先进的文化、落后的文化、腐朽反动的文化,而我们的社会主义文化应该是先进的文化。

什么是先进的文化?

屏幕出示:《黄河大合唱》的歌词,同时播放伴奏音乐,为学生创设视听情境。鼓励全班同学共同歌唱。

提问:为什么一首歌会牵动不同时代亿万人民的心,被一代代中国儿女传唱至今?(学生答略)

教师总结:《黄河大合唱》创作于1939年3月,以黄河为背景,热情歌颂中华民族源远流长的光荣历史和中国人民坚强不屈的斗争精神,痛诉侵略者的残暴和人民遭受的深重灾难,展现了抗日战争的壮丽图景,并向全中国全世界发出了民族解放的战斗警号,从而塑造起中华民族巨人般的英雄形象。而这就是先进文化的力量。

提问:通过刚才的分析,你能说一说,你对先进文化是怎样理解的吗?

教师总结:先进文化,就是面向现代化、面向世界、面向未来的,民族的科学的大众的社会主义文化。(教材第102页)那么,在当代中国怎样发展社会主义先进文化?

学生思考:1.社会主义核心价值体系的基本内容是什么?

2.怎样发展先进文化?

三、深入探讨,突破难点

播放视频:胡锦涛在中国共产党成立 90 周年大会上的报告。(具体网址 http://v.ifeng.com/news/mainland/201107/1c3b187d-928d-4275-ac77-b963fa80b5a8.shtml)

学生小组合作讨论:学生前后位四人一组思考讨论以上两个问题。

(小组讨论,学生交流,教师评价引导。)

教师总结:通过讨论,我们不仅了解到有关文化建设及先进文化的一些具体内容,而且进一步了解到国家对建设、发展先进文化的态度和相关策略,作为普通公民,我们中学生应该怎样践行文化建设,发展先进文化呢?

(学生再次小组讨论)

教师总结:发展先进文化,加强思想道德建设,作为普通公民,中学生要做到:充分利用国家和社会为我们提高思想道德水平和境界创造的良好的社会环境,自觉履行公民基本道德规范,树立"八荣八耻"社会主义荣辱观,提高思想道德水平和境界。

展示图片:精神文明宣传条幅、精神文明宣传栏、精神文明创建活动等图片。

问题:你还能想到哪些提高精神文明建设的设施和环境,或提高公民精神文明素养的活动?

学生小组讨论、总结。(例如:小区的健身器材,政府为老百姓修建的文化娱乐广场、文化中心等。)

追问:国家和社会为我们提供了提高思想道德水平和境界的环境,我们的思想道德素质就会自然而然地提高?

展示图片:百变的公交站牌、疯狂的桌布。

问题：看过之后你有什么感想或者你还发现哪些类似的行为？你觉得怎样改变类似不文明的行为？（学生答略）

教师总结：发展社会主义先进文化，建设社会主义精神文明，落实到我们日常生活中就是要自觉履行公民基本道德规范，树立"八荣八耻"社会主义荣辱观，提倡文明的语言、文明的行为、文明的举止，做一个文明人。

四、归纳总结，完善板书

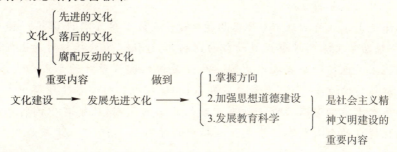

对于轰轰烈烈的社会主义精神文明建设活动而言，网络文明建设无疑是一个全新的领域。请你结合百度搜索的材料及图片和自身的上网经历，简单说一说该如何文明上网，如何增强网络文明。

【学案评析】

本课例借助于学生熟悉的百度搜索功能，紧密结合教学内容，充分开发和利用网络教育资源。教师教学中，通过生动形象的图片和典型新颖的热点等资料，引发学生思考，难能可贵的是教师灵活运用先学后教课堂教学模式，将新闻热点和课本内容有机结合、学生自学讨论和教师引导点拨有机结合、现代教学媒体和传统教学板书有机结合、课内明理导行和课外延伸探究有机结合，引导学生思考先进文化的内涵和特征、作为普通公民如何践行等问题，较好地体现了思想品德新课程的理念，有利于学生树立正确的价值观。课例的教学环节流畅，材料新颖，能较好地贴近学生生活，所用教学方法有利于激发学生的学习兴趣。但是，在能力目标的设定中，"具有牢牢把握先进文化前进方向的能力"和"具有抵制各种落后文化和腐朽文化侵蚀的能力"的表述非常空泛，对九年级学生要求过高；教学过程中学生主动自学和巩固练习不突出；教师在教学过程中能根据内容演进适时提出问题，但是没有给学生提供足够的自主学习的时间，也没有提供较好的自学思考的问题。同时，教学过程中，教师虽然关注新闻热点较多，但是对教学的重难点深入分析不足，如对"社会主义精神文明建设的重要内容"就没能很好地分析，教学板书中"文化分类"的内容在教学过程中也看不到，给人有突兀的感觉，关于课后探讨内容，有利于学生在巩固教学内容的基础上进一步拓展，但是对学生没有作具体要求，只是"简单说一说"的要求，对即将参加中考的初三年级学生来说,很可能就变成"不说"和"不用"。

(合肥师范学院　傅文茹)

教学课例2　民族精神耀中华

【学习内容与学生分析】

1. 学习内容分析

本课是山东教育出版社《思想品德》九年级第三单元第九课第一课时的内容,是要帮助学生深刻理解民族精神的内涵,充分认识民族精神对我国发展的重大作用。主要包括两个层次的内容,即:一是讲述民族精神的形成与发展,二是说明民族精神的重要地位,二者紧密联系,相辅相成。引导学生理解中华文明成为世界历史上最古老而又唯一没有中断的文明的原因,理解在中国特色社会主义现代化建设的今天要弘扬中华民族精神的原因。

2. 学生分析

九年级学生对与民族精神相关的历史上的名人名言和历史事件有了一些知识储备,但是受成长环境和经历的制约,他们对于"为什么说民族精神是中华民族的精神支撑"却不能很好地理解。本课教学中,要通过引用学生熟知的与民族精神相关的内容,启发学生思考民族精神是一个民族进步发展的灵魂,是中华民族的精神支撑,以激发学生的爱国之情和报国之志。

【学习目标】

1. 情感、态度、价值观目标

体会中华民族精神的巨大力量,认识民族精神是一个民族进步发展的灵魂,是中华民族的精神支撑,自觉增强民族自尊心和自豪感,努力培养爱国主义情感。

2. 能力目标

理解新的历史时期弘扬和培育民族精神的伟大意义,提高分析历史人物和历史文化事件的能力,提高分析问题和解决问题的能力。

3. 知识目标

了解民族精神的形成和发展过程,知道中华民族精神的内涵;理解中国共产党在民族精神发展中的作用;认识民族精神在中华民族发展史上的作用。

【学习重点和难点】

1. 重点

民族精神的内涵和作用。

2. 难点

民族精神是中华民族的精神支撑。

【教法与学法】

1. 教法

情境教学法、价值引领法、谈话法。

2. 学法

活动学习法、自学归纳法。

【教学准备】

1. 学生

每个学生在自学教材的基础上,通过图书馆或网络查找有关民族精神的两则名人名言、一件历史事件。

2. 教师

在认真研读课程标准和教材、精心备课的基础上,整合搜集的材料,制作课件和学生课堂自主学习问题。

【教学过程】

一、创设情景,导入新课

教师:播放《歌唱祖国》,师生齐唱,感悟中华民族伟大民族精神的支撑作用和伟大力量。

多媒体展示:"两弹一星"成功了。(教师出示图片后,作简要介绍。)

图1

图2　　　　图3

图1:1964年,中国第一颗原子弹爆炸成功。

图2:1967年,中国第一颗氢弹空爆试验成功。

图3:1970年,中国第一颗人造地球卫星飞上太空。

学生:按要求分组讨论图片,选派代表发言谈感想。(学生讨论期间,教师板书课题:民族精神耀中华。)

教师:点评学生发言并总结:"两弹一星",魂贯千秋。"两弹一星"以世界第一的速度取得成功。奇迹的诞生,靠的就是科研人员那种被称为"两弹一星"之魂的报效祖国、迎难而上、顽强拼搏的伟大民族精神。那么中华民族的民族精神是怎样形成的呢?在当今时代,为什么要弘扬和培育我们的民族精神呢?

二、自主学习,合作探究

(一)五千年文明熔铸民族魂

第一步:感知材料

教师通过多媒体展示反映中华民族民族精神的图片、资料、名人名言等。

材料一:中华民族的民族精神是压不垮的。

1998年夏季,长江、嫩江和松花江流域,洪水滔滔,南北为患。大汛当前,我们的党、人民解放军官兵和全国人民,万众一心,用沙石、用汗水、用血肉之躯筑成一道道冲不垮的钢铁长城。在同洪水的搏斗中,我们的民族和人民展示出一种十分崇高的精神,这就是万众一心、众志成城,不怕困难、顽强拼搏,坚韧不拔、敢于胜利的伟大抗洪精神。面对滔滔洪水,举国上下,万众一心,奋勇抗洪,以最终的胜利向世人宣告了"中国人民是不可战胜的"。

众志成城,抗击洪水

材料二:雨雪、冰冻再次考验顽强的中华民族。

2008年1月以来,中国南方大部分地区和西北地区东部出现了新中国成立以来罕见的持续大范围低温、雨雪和冰冻的极端天气。严重的气象灾害,影响到正常的生产生活。全国上下紧急动员,全力抗击灾害,并取得重大胜利。

材料三:中华民族精神生生不息、一脉相承。

①三军可夺帅也,匹夫不可夺志也	孔子
②富贵不能淫,贫贱不能移,威武不能屈	孟子
③路漫漫其修远兮,吾将上下而求索	屈原
④鞠躬尽瘁,死而后已	诸葛亮
⑤老骥伏枥,志在千里;烈士暮年,壮心不已	曹操
⑥先天下之忧而忧,后天下之乐而乐	范仲淹
⑦苟利国家生死以,岂因祸福避趋之	林则徐

齐心协力,战胜冰雪

⑧天下兴亡,匹夫有责　　　　　　　　　　　　顾炎武

第二步:探究感悟

结合上面的图片、资料、名人名言等,设计相关问题,让学生带着问题对教材P89—91进行探究学习。

问题1:看了上面的几幅图片、资料和名人名言,你感到震撼吗?从中你感悟到什么?

问题2:阅读上面的几则资料、图片和名人名言后,你对我们中华民族的民族精神有什么新的认识?

问题3:阅读上面的几则资料、图片、名人名言后,你能否概括出中华民族的民族精神?你认为中华民族的民族精神的核心是什么?

第三步:自主合作

教师:提醒同学们注意:在自主合作探究过程中,应对正文大字部分做到粗读—精读—品读,并结合相关资料、图片、名人名言仔细体会,以达到融会贯通、活学活用的目的;对于辅助性文字,可以泛读,了解即可;对于自己不能独立完成的知识,可进行小组内探究讨论完成,小组内合作仍不能完成的问题可制成"质疑卡",老师将在后面的环节与同学们共同探讨解决。

学生:带着"探究感悟"中设计的问题,在规定时间内进行自主学习,对在自主学习中仍有质疑不能解决的问题进行分组合作探究,对于合作探究中仍不能解决的问题,制成"质疑卡",待下一环节老师给予释疑解惑,解决问题。

第四步:"兵教兵"

小组内学生代表发言:小组同学广泛交流,对相关问题达成共识,对仍有异议的问题班内讨论。

科代表(或班长)发言:阐述班内讨论结果,将质疑问题统计后反馈给老师。

(二)民族精神:中华民族的精神支撑

首先,教师概括引入:"问题(一)"的学习,让我们认识到中华民族的民族精神生生不息、一脉相承,知道了民族精神的重要内容,那么这样的民族精神在过

去、现在和将来起到了什么作用?(板书:民族精神——中华民族的精神支撑)

材料一:中华民族精神再现于危难时刻。

逝者安息,活者奋发!!加油中国!加油汶川!

2008年5月12日14时28分,四川省汶川县发生8级强烈地震,波及陕西、甘肃、重庆等多个省市,造成灾区人民生命和财产的重大损失。一场抢救群众生命、抗击地震灾害的斗争,在中华大地展开。大灾当前,我们的党、人民解放军官兵和全国人民,万众一心,发扬中华民族"一方有难,八方支援"的社会主义互助精神。实践充分证明,中华民族是经得起严峻考验的。

坚持不懈

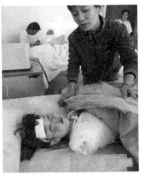
相互关爱

材料二:2008年5月19日至21日为全国哀悼日。5月19日14时28分起,全国人民默哀3分钟,汽车、火车、轮船鸣笛,防空警报鸣响。北京天安门广场的群众在默哀后齐声高呼"中国加油!""汶川加油!"

沉痛哀悼　　　　　　充满信心

教师友情提示:请学生结合上面实例,带着问题对教材P91—93页进行自主合作探究学习,突破本节的重点和难点。

问题1:在看了上述图片资料后,你最想说点什么?

问题2:有人说:"中华民族愈挫愈勇。"你是如何看待的?

问题3：请你说说：中华民族民族精神的作用（对内、对外）有哪些？

问题4：请你思考归纳：为什么民族精神是中华民族的精神支撑？

教师：强调"民族精神是中华民族的精神支撑"是本节的重点和难点，教师要注重对学生自主学习方法的指导，引导学生学会运用讨论座谈、社会调查、自主学习、合作学习、探究学习、"兵教兵"等方法，结合前面的相关问题，全面系统地认识和理解这一内容，从而实现思想品德课的教学目标。

学生探究之旅：结合"友情提示"和老师要求，学生自主学习，组内合作探究讨论，选派代表发言，提出质疑，班内讨论，达成共识，将质疑问题统计后反馈给老师。

三、精讲点拨，质疑解惑

（一）五千年文明熔铸民族魂

教师：肯定学生得出的合理结论，并进行概括总结，帮助学生明确民族精神的核心和内涵，为在文化建设中如何弘扬和培育民族精神作铺垫。（学生通过对前面大量时政素材的感知和分析，以及自主学习、合作探究，能够较容易理解和掌握，这里，教师不必重点点拨。）

（二）民族精神：中华民族的精神支撑

教师：中华文明之所以成为世界历史上最为古老而又唯一没有中断的文明的原因就在于：民族精神是中华民族的灵魂，是中华民族赖以生存和发展的精神支撑。如，外敌入侵时，民族解放和独立时，社会主义建设时期，等等。"团结诞生希望，凝聚产生力量"，在整个世界正在成为一个"地球村"的情况下，更要教育学生们认识民族精神的伟大作用。（师生一起归纳，确认本节课的重点和难点。）

四、基础闯关，潜能挑战

（多媒体展示：闯关试题即课堂达标题。）

（一）单项选择题

1.下列能够体现中华民族精神的名言警句是（　　）

①粉身碎骨浑不怕，要留清白在人间

②出师未捷身先死，长使英雄泪满襟

③艰难困苦，玉汝于成

④不经一番寒彻骨，怎得梅花扑鼻香

A.①②③④　　　B.②③④　　　C.①②④　　　D.①③④

2.2007年"两会"期间，国务院总理温家宝指出，中华民族要自立于世界民族之林，就必须弘扬和培育民族精神。这是因为（　　）

A.民族精神是社会主义物质文明建设的重要内容

B.民族精神是中华民族赖以生存和发展的精神支柱

C.民族精神集中表现为艰苦奋斗精神

D.民族精神是中华民族的传统美德

3.2008年9月是我国第五个"中小学弘扬和培育民族精神月",教育部、中宣部、中央文明办、共青团中央决定开展"学习英雄少年,弘扬抗震救灾精神,做一个有道德的人"主题教育活动。全国各地中小学组织开展以"学习英雄少年,弘扬抗震救灾精神,做一个有道德的人"为主体的系列活动,是因为( )

①民族精神是中华民族世世代代生生不息的力量源泉
②民族精神是中华民族一切文化的综合
③民族精神是中华民族悠久历史文化的传统
④民族精神是中华民族悠久历史文化的灵魂

A.①②③④   B.①②③   C.①③④   D.①④

4.下面属于中华民族伟大民族精神内容的有( )
①乐于吃苦、勇于战斗、忠于求实、善于团结(98抗洪精神)
②特别能吃苦、特别能战斗、特别能攻关、特别能奉献(航天精神)
③万众一心,众志成城,不怕困难,顽强拼搏,坚韧不拔,敢于胜利(抗击雨雪冰冻精神)
④万众一心、众志成城,不畏艰险,百折不挠,以人为本、尊重科学(抗震精神)
⑤万众一心、众志成城,团结互助、和衷共济,迎难而上,敢于胜利(抗非典精神)

A.①②③④⑤   B.①③④   C.①②③   D.①③

(二)非选择题

5.下面两幅图片是2008年5月12日发生地震灾害后的情景。

情景1

情景2

请在阅读上述材料后,结合所学思想品德课内容,回答下列问题:

(1)中华民族的民族精神的基本内容是什么?核心是什么?

(2)在看了上面图片以后,初四(一)班的王宇飞同学感慨地说:"高举民族精神的大旗,我们就能战胜一个个困难。"请你分析小王的观点。并请你举一例说明。

答案:(1)基本内容是:团结统一、爱好和平、勤劳勇敢、自强不息。核心是爱国主义。

（2）中华民族历史上曾经历过无数次巨大的灾难,在大的自然灾害面前和外敌入侵面前从未屈服过,而是更加坚忍顽强,靠的就是伟大民族精神的支持和鼓舞。民族精神是中华民族的灵魂,是中华民族赖以生存和发展的精神支撑。靠着民族精神的支撑,中国人民改造了恶劣的生存环境,抵御了外来侵略,延续着伟大的中华文明；靠着民族精神的支撑,全国人民在中国共产党的领导下,争取到民族解放和独立,推翻了国民党反动统治,建立了中华人民共和国,实现了国家的初步繁荣富强。因此,小王的观点是正确的。

比如:1998年抗洪；2003年全民抗击非典；"神五""神六"上天；2006年7月1日"天路"——青藏铁路全线通车；2008年1月抗击雨雪冰冻；2008年5月12日抗震；2008年8月奥运会的成功举办,等等。

6.价值判断（下面题目的叙述中,都包含一定的价值取向或者行为选择,请你予以判断,在括号内写明"正确"或者"错误",并简要说明理由）

在全面建设小康社会和加快社会主义现代化建设的关键时期,没有必要再弘扬民族精神了。

答案:观点错误。

在我国全面建设小康社会和加快社会主义现代化建设的关键时期,继续弘扬和培育民族精神,全国各族人民才能形成强大的凝聚力,团结一致,不畏艰难,以自强不息的精神不断夺取新的胜利,把现代化建设的美好蓝图变成活生生的现实,展现中华民族的伟大风采。

五、课堂小结,反思升华

教师:结合多媒体和板书内容进行课堂小结。

学生:认真反思本节课学习过程中的各个环节,总结自己成功的经验与收获,找出缺陷与不足,独立填写下表:

经验与收获	1. _____ 2. _____
缺陷与不足	1. _____ 2. _____
产生的原因	1. _____ 2. _____
解决的措施	1. _____ 2. _____

六、推荐作业

（多媒体展示作业题）

材料分析：

材料一："如果祖国遭受到侵犯，热血男儿当自强／喝干这碗家乡的酒，壮士一去不复返／滚滚黄河，滔滔长江／给我生命，给我力量／就让鲜血染成最美的花，撒在我的胸膛上／红旗飘飘，军号响／剑已出鞘，雷鸣电闪／从来是狭路相逢勇者胜……"这是在各地热播的电视剧《亮剑》的主题歌词。如今，这部优秀军旅题材电视剧已走出国门，在海外引起很大反响。

材料二：教育部办公厅《关于启动2008年中小学弘扬和培育民族精神月活动和开展安全教育活动的通知》（教基函〔2008〕12号）中指出：认真启动好"中小学弘扬和培育民族精神月"活动。各地要根据《通知》精神，在组织广大中小学生积极学习英雄少年，弘扬抗震救灾精神的基础上，抓住北京成功举办第29届夏季奥林匹克运动会这一契机，充分利用北京奥运会等多方面的教育资源，让中小学生进一步了解成功举办北京奥运会的重要意义，在中小学生中弘扬奥林匹克精神，激发爱国热情，增强民族自信心和自豪感。

问题：

(1)材料一和材料二共同说明了什么？

(2)谈谈弘扬和培育民族精神在今天有何现实意义？

答案：(1)民族精神是中华民族的精神支撑，国家注重在文化建设中弘扬和培育民族精神。

(2)民族精神对内具有凝聚和动员民族力量的作用，对外具有展示民族形象的功能，高昂的民族精神从来就是衡量一个国家综合国力强弱的重要尺度。在全国全面建设小康社会和加快社会主义现代化建设的关键时期，继续弘扬和培育民族精神，全国各族人民才能形成强大的凝聚力，团结一致，不畏艰难，以自强不息的精神状态不断夺取新的胜利，把现代化建设的美好蓝图变成活生生的现实，展现中华民族的伟大风采。

【学案评析】

本课例在2008年汶川地震后对学生进行民族精神的教学，无疑是一个成功的经典案例。教学设计中，教师不仅精心开发和利用教学资源，而且留足时间和提供机会充分发挥学生的主体作用。无论是学生的自主学习、合作探究，还是学生的闯关达标、反思升华，教师都运用典型震撼的事例引导学生紧紧围绕民族精神进行感知、感悟，整个教学过程流畅，对于"民族精神是中华民族的精神支撑"这一学习重点和难点，学生会轻松掌握，教学的三维目标能得到实实在在的落实,思想品德课先学后教理念在本课例中得到贯彻。

但是,教学作为一种不完美的艺术,总有值得进一步完善的地方,本课例也不例外。在总结时,教师如果将本节课的板书完整呈现,能帮助学生整体认知所学内容,对教学内容的巩固和运用会产生积极作用;同时,教学过程中,教师如果能根据学生身边或成长中的困惑和疑难设置一两个让学生体验和践行的生活情境,如"上课铃刚响,教室突然剧烈晃动,我该怎么办?同学们又该怎么办?""中考刚结束,马飞同学突遇车祸小腿骨折,马飞同学该怎么办?我们又该怎么办?""北京奥运会上,中国奥运健儿又获一枚金牌,作为现场观众,我能做些什么?"等,引导学生将民族精神的弘扬与自己的生活、成长紧密结合,将民族精神的弘扬认真落实到行动上。这样,不仅能使本课例锦上添花,也会让思想品德课教学魅力四射。

(合肥师范学院　傅文茹)

教学课例3　生活需要宽容友善

【学习内容与学生分析】

1.学习内容分析

本课是江苏教育出版社《思想品德》七年级上册第七课第一框题内容,本课内容的学习不仅有利于帮助学生更好地理解关心尊重他人,而且能促使学生学会用宽容友善的美德处理人与人的关系,以便更好地适应中学生活,为自己的健康快乐成长奠定基础。

2.学生分析

七年级学生刚刚步入中学生活,同学间的关系还比较松散,甚至容易产生矛盾。同时,大多数学生作为独生子女,常常"以自我为中心",对家长、对他人等缺乏宽容和友善。通过本课的学习,学生不仅能学到相关宽容和友善的知识,还能认识到宽容友善在生活中的重要性,可以为自己在日常生活中运用宽容友善打下较好的基础。

【学习目标】

1.情感、态度、价值观目标

懂得宽容友善是中华民族的传统美德,是一个人有修养的体现;乐于宽容待人、与人为善。

2.能力目标

学会正确运用宽容、友爱的心态和情感,与家人、老师、同学和相关人员友好相处。

3.知识目标

了解生活中宽容友善的重要性；懂得宽容他人，就是善待自己。

【学习重点和难点】

1.重点

宽容友善的重要性。

2.难点

在生活中践行宽容友善。

【教法与学法】

1.教法

案例教学法、活动体验法。

2.学法

阅读讨论法、合作学习法、情境体验法。

【教学准备】

1.学生

课前查找和收集古今中外宽容友善方面的名言、警句和小故事。

2.教师

与学生进行交谈，调查了解学生在宽容友善方面的良好表现和存在的问题。

【教学过程】

一、导入新课，揭示目标

用看图说话的方式导入新课，创设情境，激发学生的学习热情。

老师：同学们，请看投影，（展示三幅图片）说说发生了什么事情？怎么发展的？结果怎样？图片给我们什么启示？

（老师引导学生思考，学生回答。）

老师：生活中类似的例子并不少见，同学之间、师生之间、父母与子女之间经常会发生矛盾、会有委屈、会有冲突。生活中处处需要宽容友善的美德。我们今天学习"第7课 让人三尺又何妨 第1课时 生活需要宽容友善"（板书）。

本节课的学习目标：

> 1.懂得宽容友善是中华民族的传统美德，是一个人有修养的体现；乐于宽容待人，与人为善。
> 2.学会正确运用宽容、友爱的心态和情感，与家人、老师、同学和相关人员友好相处。
> 3.了解生活中宽容友善的重要性；懂得宽容他人，就是善待自己。

（学生齐读学习目标。）

老师：学习目标的实现，离不开大家认真、细致的自学，请大家对照自学指导展开自学。

二、出示问题,指导自学

(老师投影展示问题,指导学生自学。)

老师:请同学们认真阅读课本第61~65页内容,大字部分精读,小字部分快读,并思考以下问题,在恰当的地方整洁地作好标记,6分钟后比谁回答得好。

1."六尺巷"的故事中两家互不相让会有什么后果?给我们什么启示?你能讲出类似的故事吗?

2."公共汽车上的冲突"两镜头中,你欣赏谁的处理方法?为什么?得到什么启发?

3."小季的犹豫"该如何处理?为什么?

三、学生自学,教师调控

学生可以自主学习,亦可同桌合作学习。教师行间巡视,纠正学生不良的学习习惯,解决学生自学过程中出现的困难。

四、过关检测,点拨释疑

检测前老师可引导学生采用"兵教兵"的方式相互交流学习成果,初步解决学生自学过程中出现的疑问。

问题1:

老师:让人三尺是宽容的表现,双方各让三尺,就有了"六尺巷"的美谈,我们认真读过"六尺巷"的故事了,说说流芳百世的诗句是什么?

学生回答后,齐读:"欣赏的同时接受教育。"

检测学生:互不相让可能导致的后果有哪些?①打官司,让官府来裁决;②邻居之间老死不相往来;③大打出手,酿成惨剧……

老师:远亲不如近邻,邻里之间低头不见抬头见,宽容友善才能和睦相处。历史上有关宽容的小故事还有很多,说来听听。

学生讲故事,进行自我教育,感悟宽容的重要与可贵。

老师:这些故事都告诉我们什么道理?

学生谈启示:胸襟开阔,谦让友善,才是与人相处的道理。人有宽阔的胸襟,才能赢得友谊,增进团结。而心胸狭小,于己于人都没有好处。

老师归纳:"宽容能赢得友谊、增进团结;宽容是中华民族的传统美德。"(板书)

问题2:

老师:播放视频,导入第二题"公共汽车上的冲突"两镜头中你欣赏谁?为什么?有何启示?

学生:欣赏赵刚。说原因:

(1)赵刚用宽容大度的心态,幽默的话语,谅解他人,化解矛盾;陈伟缺乏宽容忍让之心,以牙还牙,激化矛盾,加剧冲突。

(2)当他人不小心妨碍甚至伤害了我们时,我们应该用宽广的胸襟,正确面对,及时化解矛盾和冲突,防止矛盾和冲突加剧。

学生谈启示:

宽容的心态、幽默的话语可以化解矛盾,消除矛盾;刻薄的语言只会加深矛盾,甚至导致难以预料的后果。

老师归纳:宽容能化解矛盾。(板书)引导学生欣赏汪国真的美文《宽容与刻薄》。

老师:宽容是中华民族的传统美德,古人"修身齐家治国平天下",今天人们强调"修身养性,加强道德修养",这些都值得我们学习和借鉴。然后出示漫画中的对联,再让学生分小组分享自己查找收集的名言警句,派代表说出一个,全班共享,共同感悟宽容的重要与可贵。

问题3:

老师:亲朋好友之间出现矛盾、分歧,我们都容易宽容和谅解,但要对伤害自己的人作到宽容和谅解就相当困难了。面对小季的困惑,我们该如何处理?

学生畅所欲言,讨论分析。

宽容那些曾经伤害过自己的人能医治心灵的创伤,使自己忘记不快,而不会为往事耿耿于怀;能使自己用自身内心的温暖去融化寒冷的坚冰;也能使自己理智地填平感情上的洼地,对美好的明天充满信心。

教师小结,引导学生最终理解宽容的深刻内涵:宽容,即宽大有气量,不计较、不追究。

教师心灵寄语:

宽容是一种非凡的气度、宽广的胸怀;宽容是一种高贵的品质、崇高的境界;宽容是一种仁爱的光芒;宽容是一种生存的智慧、生活的艺术。

老师强调并板书:宽容是一种美德,是一个人有修养的体现。

思考题全部检测后,老师引导:人与人之间需要宽容友善,那么国与国之间呢?大家都记得今年是"九·一八"事变80周年,80年前丧心病狂的日本侵略者大举侵华,烧杀抢掠,无恶不作,在中国犯下滔天罪行,罄竹难书。而今年3月,日本发生了9.0级特大地震,并引发海啸,人民遭受巨大灾难,中国人民却给予日本莫大的、无私的人道主义援助。

老师发起头脑风暴:有同学说:"中国应该牢记历史,勿忘国耻,不该给予日本无私援助。"对此,你怎么看待?

学生分小组激烈争论,达成共识:我们应该牢记历史、勿忘国耻、以史为鉴、振兴中华。同时树立全球观念,国与国之间也应该包容性地成长。我们应该发扬中华民族仁爱宽容友善的美德,共建和谐社会、和谐世界。

老师肯定:宽容有利于构建和谐社会、和谐世界。(板书)

最后引导学生回顾本课所学知识,出示知识结构内容。

> 生活需要宽容友善:
> 1.宽容能赢得友谊,增进团结,使人相互信任亲近。
> 2.宽容能化解矛盾。
> 3.宽容是一种美德,是一个人有修养的体现。
> 4.宽容有利于构建和谐社会、和谐世界。

五、巩固练习,当堂训练

 (一)快乐选择(学生作业,老师巡视,当堂批阅。)

1.在社会生活中,调节人际关系的润滑剂是(　　)

　　A.自尊自重　　B.宽容友善　　C.良好的性格　　D.积极的情绪

2.下列说法中,能体现出宽容的有(　　)

　　A.天下兴亡,匹夫有责　　　　B.人不为己,天诛地灭

　　C.可怜天下父母心　　　　　　D.忍一时风平浪静,退一步海阔天空

3."对不起,不小心把你的书本碰到地上了。""没关系,拾起来就行。"从这件小事上可以看出(　　)

①宽容是一种美德,更是一种境界 ②唯宽可以容人,唯宽可以载物 ③宽容是人际关系的润滑剂 ④生活不能没有宽容,生活需要宽容友善

　　A.①②③④　　B.①②③　　C.②③④　　D.①②④

4."量小失众友,肚大聚群朋",启示我们(　　)

①人要有宽阔的胸襟　　②要襟怀坦荡,度量恢弘

③要有健康的生活方式　　④要有强烈的爱国情感

　　A.①②③　　B.①③　　C.①②　　D.①②③④

5.当我们遇到隔阂和误会时,宽容能(　　)

A.医治我们心灵的创伤

B.迫使我们对往事耿耿于怀

C.是你失去理智,作出一些超乎寻常的举动

D.让别人的温暖融化你寒冷的坚冰

 (二)架起心桥(当堂交流,传递心声,宽容你我他。)

请同学们选择一题,积极将宽容的美德落实到行动上。

1.给曾经误解、错怪甚至伤害过自己的人(同学、朋友、父母、老师等)写一段

心里话,以宽容友善的态度待人。

2. 给自己曾经因不礼貌或误解而伤害的人写一段心里话,以求得谅解和宽容。

【学案评析】

本课例紧紧围绕"宽容友善的重要性和践行"设计教学过程,三维目标清晰,师生课前准备充分。教学中,学生在明了学习目标的情况下,自主、合作和探究,有独立的学习和思考,也有合作的分享和交锋,有"兵教兵"的互助,也有师与生的互促,学生的主体性和教师的主导作用随着教学过程的推进得到充分展现,自学问题、过关检测问题和堂堂清的巩固练习问题"三题"并举,让学生在快节奏、高效率中学习、思考、巩固和践行。学生在学习过程中,既有对教材文本的认真研读(宽容友善的重要性),也有对历史典故的细心咀嚼(品味"六尺巷"的故事),既有对现实风景的清醒反思(剖析"公共汽车上的冲突"两镜头、"小季的犹豫"等),也有对经典美文的赏析(欣赏汪国真的美文《宽容与刻薄》);既沐浴老师温馨的"心灵寄语",又接受老师紧张的"头脑风暴"。教学过程中,远与近、古与今、动与静的变幻交织,引导学生把书本学习和生活践行有机联结,教学效果在潜移默化中彰显。堂堂清练习题题首卡通画的设置,引导学生快乐练习,理智作答,思想品德课新课程关于"帮助学生做负责任的公民,过积极健康的生活"的理念在课堂教学中得到了较好的落实。

如果设计教学导入时能对三幅图片的名称和具体画面作较好的介绍,板书的形式和布局再丰富一些,学生校园中的学习资源再多开发利用一些,本课例将会更加完美。

(合肥师范学院　傅文茹)

教学课例4　让生命焕发光彩

【学习内容与学生分析】

1. 学习内容分析

本课是上海教育出版社《思想品德》七年级上册第二课第三框题内容,主要是引导学生认识并理解珍惜时间、合理安排时间对生命有着重要意义,促进学生"善于在平凡生活中发现快乐,感受生命的美丽","善于正确应对困难和挫折,让生命在迎接挑战中焕发光彩"。

2. 学生分析

七年级学生正处于身心发展的关键时期,迫于学习考试的压力,许多学生并不感觉生活快乐,他们一方面知道时间的宝贵,另一方面又不知道如何去珍惜和合理利用时间,往往在情绪上波动较大,有些学生意志力薄弱,经不住失败和挫折的打击,会轻易地放弃自己珍贵的生命,这些都需要教师在教学中有意识地进行启发和引导,促进学生形成乐观的心态,珍惜时间,热爱生活,热爱生命。

【学习目标】

1.情感、态度、价值观目标

增强珍惜和合理安排时间的意识;能认同志存高远、脚踏实地的正确人生价值观;增强战胜困难和挫折的勇气、决心。

2.能力目标

学会认识自我,正确选择适合自己的人生之路;自觉培养自己全面、辩证地分析和解决问题的能力。

3.知识目标

懂得珍惜时间对创造生命价值的意义;理解平淡生活中孕育着生命的美丽;认识到生命有成功更有失败,掌握一些正确应对困难和挫折的方法。

【学习重点和难点】

1.重点

珍惜时间;生命扎根在平凡生活中。

2.难点

热爱生活,积极向上。

【教法与学法】

1.教法

体验教学法、谈话法。

2.学法

小调查、汇报交流。

【教学准备】

1.学生

完成课前任务单;收集有关珍惜时间的名人名言;开展"谁是最珍惜时间的人""谁是最快乐的人""谁是最积极乐观的人"小调查活动并整理总结。

2.教师

收集整理学生信息;制作教学课件。

附:

一、课前任务单

班级:_____ 姓名:_____
1.在你班,你认为谁是最珍惜时间的人? 姓名:(_____) 推荐理由:_____。
2.在你班,你认为谁是最快乐的人? 姓名:(_____) 推荐理由:_____。

3. 在你班,你认为谁是最积极乐观的人?姓名:(　　　　)
推荐理由:_____。
4. 课本第 30 页操作平台:
我最喜欢的有关"珍惜时间"的名人名言:_____；
作者(　　　　);因为:_____。

二、教学设计简图

教学环节	教学内容	教师活动	学生活动	设计意图
导入	"生命计算题"	引导	计算	引出课题
新授	一、珍惜时间,善于合理安排	结合调查报告引导:怎样是真正珍惜时间?	"最珍惜时间的人"调查汇报	1. 生命是短暂的,珍惜时间,就是珍惜生命。2. 学会合理安排时间,全面发展自己。
新授	二、善于在平凡生活中发现快乐	调查结果:"最快乐的人"。	回忆并写下"快乐的事"	1.（学习中）正确看待学习的苦和乐,学会体味学习的乐。2.（生活中）学会感恩。3.（未来工作中）平凡的岗位上,创造不平凡。
新授	二、善于在平凡生活中发现快乐	分享:老师的快乐秘诀。	分享交流最快乐的一件事	
新授	二、善于在平凡生活中发现快乐	"熠熠闪光的人生"。	聆听、感悟	
新授	三、善于正确应对困难与挫折	调查结果:"最积极乐观的人"。	聆听、感悟	1. 生命有高峰也有低谷,呈波浪式前进。2. 面对挫折首先要接受现实;冷静分析,换位思考;积极寻求帮助。
新授	三、善于正确应对困难与挫折	p33 说一说:如果我是张然。	思考、回答	
新授	三、善于正确应对困难与挫折	身边的榜样:曹聪同学。	聆听、感悟	
小结	教师寄语:每一天都是现场直播,靠我们自己去描绘生命的光彩。			
作业	（二选一）1. 本课中,最让我受启发的一个故事/事例/一句话,简述理由。(100字) 2. 给老师的一个建议。(50字)			

【教学过程】

一、计算生命,导入新课

今天的课,让我们从一道计算题开始。

(多媒体)上海人平均预期寿命

教师:根据 2008 年统计数据,上海人平均预期寿命已经达到 81.08 岁,我想,随着我们生活水平、医疗水平的不断提高,人的寿命还会延长。如果我们都能活到90岁,算一算,你的生命还有多少天?

学生完成课堂任务单。

> 班级:_____ 姓名:_____
> 1.根据2008年统计数据,上海人平均预期寿命为81.08岁,假设我们也活到80岁,算一算,你的生命还有多少天?(   )
> 你认为这个时间(   )A 长 B 短
> 2.回忆过去的一周中,让你觉得快乐的事:_____(用一句话表述)

(多媒体)你的生命还有多少天?

学生:略

教师:让我们一起来算一下。

引导:28489(天)

教师:28400多天!再进一步,大家有没有想过,在如此短的生命中,真正可以为我所用、让生命创造价值的时间还要更少?

引导:14244.5(天)

教师:在做这道计算题时,你有什么感受?

学生:略

教师:从大家的表情,我可以感受到很多同学都与老师有同样的感觉:啊!生命原来如此短暂!怪不得庄子也感叹:"人生天地之间,若白驹之过隙,忽然而已。"这样一道计算题,用它无声却有力的方式提醒着我们:生命短暂,我们每个人都应该让自己有限的生命变得更有意义,绽放出绚烂的光彩!今天我们将一起学习第二课第三框题:让生命焕发光彩(多媒体)。

二、汇报交流,合作探究

教师:请大家把课本翻到第30页。第二自然段有句话讲得非常好:人有限的生命是在一点一滴的时间中延续的。时间就像流水一样,过去了,就不会再回来。这句话形象地说明了时间的一大特性:不可逆转性。时间一旦流逝,便一去不复返。正因为此,古今中外历史上,大凡有所成就的人,都非常珍惜时间。课前,我们同学收集了不少有关珍惜时间的名人名言,谁愿意跟大家分享一下自己最喜欢的一句:

(多媒体)珍惜时间的名人名言

学生:交流(追问喜欢的理由)

教师:这些名言警句都在告诉我们:要让生命焕发光彩,首先要懂得珍惜时间。那么,在我们班,谁是最珍惜时间的人呢?课前,老师委托课代表和班长就此开展了一项小小的调查,掌声欢迎两位同学跟我们汇报一下他们的调查结果。

(多媒体、学生活动)小调查:最珍惜时间的人

教师:从两位同学的调查中,老师知道了＊＊同学是学习非常自觉和勤奋的学生,让老师也不由得产生了几分佩服之意。但老师有两个疑问:

①在这门学科课堂学习时做其他学科作业是珍惜时间吗?

②放弃所有的休息和娱乐,把时间都用于作业和学习,这样的"珍惜时间"是否科学、合理?

学生:略

引导:今年,中国少年先锋队迎来了建队60周年,国家主席胡锦涛爷爷曾寄语全国青少年:今天的预备队必将成为明天的生力军,希望大家做一个勤奋学习、快乐发展、全面发展的人。什么是全面发展?德、智、体、美都要发展。所以,目前阶段我们除把主要任务——学习安排好之外,还要有必要的休息、娱乐以及适当培养自己的兴趣爱好等,这些对于我们的健康成长都有着重要意义,我们要把几方面都兼顾好,学会合理安排。

教师:虽然是一份小调查,却引领我们发现了大问题:珍惜时间、善于合理安排,能让我们的生命变得更有意义和价值。

(多媒体、板书)珍惜时间,善于合理安排时间。

教师:除了珍惜时间,对于生命的意义而言,还有什么是很重要的呢?曾经有一句广告词广为流传:愁眉苦脸是过一天,开开心心也是过一天,为什么不开开心心地过一天呢?那我们在座的同学,你们都过得快乐吗?

教师:围绕快乐的话题,课前我们也开展了调查,让我们一起来看看调查的结果如何。

(多媒体)谁是最快乐的人? 调查结果

教师:虽然被大家公认的我班"最快乐的人"只有几位同学,但我相信,我们每一个人都有着自己的快乐,下面就请同学们回忆一下,过去一周中,让你觉得快乐的事都有哪些? 用两分钟时间,通过一句话把它们写下来,让我们比比谁的快乐最多。

(多媒体)快乐秘诀

学生活动:完成"课前任务单"第2小题。

教师:请同学们交流一下过去一周中,让自己觉得最快乐的一件事。

学生:交流

(教师:适当追问;归纳并板书罗列。)

引导:学习,苦中有乐!

生活,懂得感恩!

精神上的快乐要比物质带来的快乐更持久、更有意义。

教师:请同学们分享老师的快乐。

教师：从这样一个分享快乐的活动中，我们发现，看似平淡的生活中，其实充满快乐和幸福！快乐的秘诀就在于：我们是否拥有了一双善于发现快乐的眼睛。因为年龄关系，大家交流中提到的快乐主要来自于学校和家庭生活中，等未来，同学们长大走向社会，踏上工作岗位，无论你从事怎样的职业，都希望能像这几位一样：

（视频）副板书：熠熠闪光的人生

教师：他们都是在最平凡的岗位上工作的人，但他们凭借自己脚踏实地、全心全意为他人服务的信念，创造了不平凡的人生！所以，我们始终要坚信：懂得在平凡生活中发现美丽、体味快乐的人，生命更光彩！

（多媒体、板书）善于在平凡生活中发现快乐

教师：前面我们一起分享快乐，觉得快乐其实很简单。但从另一个角度来讲，生活并不都是快乐的。就像课本第33页第一自然段所描述的：挫折和成功就好像钟摆的两端，谁也离不开谁。在人生旅途中，有成功的快乐，也有失败的考验。那同学们，当你在生活中遇到困难，甚至挫折时，你能积极乐观地面对吗？围绕这个话题，我们也开展了小小的调查：

（多媒体）谁是最积极乐观的人？调查结果

教师：从同学们推荐的理由，可以发现这些被提名的同学，生活中都曾遭遇过这样或那样的问题和困难，好在他们都能积极面对。但课本第33页事例中的中学生张然，当他遭遇问题的时候，却选择了逃避。

（多媒体）P33：说一说

问：你觉得张然的选择对吗？如果你是张然，你会怎么处理此事？

学生：交流

引导：当我们遇到问题或困难，首先应学会接受并面对现实，而不是选择逃避。其次应学会用正确的方法去解决和处理问题。请记住：任何一个人，都是在学习如何解决问题的过程中慢慢成长、成熟的。与单纯的快乐相比，在老师看来，积极乐观是一种更为可贵的品质，尤其是当生命中遭遇一些大的挫折，甚至不幸时。在我们的校园，有一位叫曹聪的同学总让老师牵挂和感动。

（多媒体）曹聪同学

教师：你了解她的情况吗？

学生：略

教师：曹聪自5岁开始患上一种神经系统疾病，这种病的表现是肌肉逐渐萎缩和无力，身体如同被逐渐冻住一样，故俗称"渐冻人"。2008年11月的《少年日报》，曾在头版全篇报道过她的事迹。因为身体原因，爸爸妈妈曾经一再劝她不要再上学了，但她却始终不放弃，并且一直尽自己最大的努力完成各项学习任务（"时政演讲""期中实践考查"等）。

教师：面对病魔始终积极向上的曹聪，用她乐观的人生态度、坚持不懈的精神深深地感动和征服了我。从六年级直至现在，她的成绩总在年级前十！这里我并不想强调成绩是怎样的重要，但在这些成绩的背后，我们可以想象她需要付出怎样的努力和毅力！希望我们在座的同学也能从曹聪同学的身上汲取到让生命绽放光彩的力量，面对波浪式前行的生命之途，能够坦然面对、积极向上，正所谓"不经历风雨，怎么见彩虹"，唯有经历苦难磨砺，才能向着生命的高峰不断攀登。

副板书：生命波浪式前进

（多媒体、板书）善于正确应对困难和挫折

三、总结寄语，归纳板书

总结：生命对于我们每个人来说都只有一次，它的意义不仅仅在于长度，更重要的在于宽度！俗话说：我们不能决定生命的长度，但我们能决定生命的宽度！对于同学们来说，我们的人生之路才刚刚起步，通过今天的学习，希望大家牢记：生命意义的决定权在我们自己手中，生命绚烂的光彩要靠我们自己去描绘！

让生命 ┌ 珍惜时间，善于合理安排
焕发光彩 ┤ 善于在平凡生活中发现快乐
　　　　 └ 善于正确应对困难与挫折

四、课堂巩固，感悟人生

学生巩固练习：

> 1. 本课中，最让我受启发的一个事例/一句话，简述理由。（100字）
> 2. 给老师的一个建议。（50字）

学生交流，教师点评，结束教学。

【学案评析】

本课例结合学生成长中"生命宝贵"的重要话题，通过课前、课中任务单式的练习设计，既给学生耳目一新的感觉，又引发学生思考如何对待生命，如何让自己的生命焕发光彩。课前的学生小调查和课堂上的交流汇报，让学生在问一问、想一想、算一算、议一议、写一写中感悟到生命的宝贵和短暂，认识到珍惜时间、科学合理安排时间的重要意义。学生通过交流汇报、师生问答和对身边曹聪同学坚强面对人生挫折和困难事迹的了解，领会到要学会善于在平凡生活中发现快乐，善于正确对待人生的困难和挫折，教学的重点突出和难点突破，水到渠成，学生的情感态度价值观在升华。教学中，教师将现代教学媒体的运用和传统板书的呈现有机结合，既有利于运用现代媒体调动学生参与学习过程的积极性，又能运用传统板书帮助学生理解和归纳教学内容,为教学目标的实现奠定了较好的基础。教学设计中,教师把教学过程的简表和详案有机结合,足见教师的用心和其能力的全面。本课例虽然没有严格按照先学后教教学模式来演进教学过程,但是,教学中教师的引导和学生的主动性都得到了较好的展示,给思想品德课教师探讨课堂教学模式改革也提供了较好的范例。

(合肥师范学院　傅文茹)

二、思想品德复习课先学后教课堂教学模式典型课例研究

先学后教课堂教学模式在思想品德新授课中的合理运用,不仅有利于落实思想品德课程新理念,培养学生主动、合作、探究的学习能力,促进学生在自主学习中领悟课程内容,在合作探究中提升情感态度价值观,让思想品德课程教学的魅力充分展现。经过一线思想品德课教师的教学实践和探讨,先学后教课堂教学模式在思想品德复习课中,也能发挥其独特作用,有利于较好地提高思想品德课教学的实效。

在思想品德复习课中,运用先学后教课堂教学模式一般有两种形式:一种是一般复习课(以一节课时和一课时教学内容为单位)的运用,一种是综合复习课(以多节课时和单元或综合教学内容为单位)的运用。

(1)思想品德一般复习课先学后教课堂教学模式有五个教学环节,即:

第一,板书复习课题。

第二,出示复习目标。复习目标不是对原有学习目标的简单重复,而是在原有学习目标基础上的提高和灵活运用。

第三,课堂检测。

第四,互改、更正、讨论。

第五,当堂训练,完成课堂巩固练习。

(2)思想品德综合复习课先学后教课堂教学模式一般教学环节如下:

第一,学生读书(一单元)、质疑问难,重点是速记知识点,可以同桌互背互查。

第二,综合训练,注重灵活运用。

第三,引导学生自己更正练习中的错误,引导学生讨论,解决疑难。学生都不会的,老师重点讲解,直到学生把问题搞清楚。

最后,教师针对学生的问题再设计练习让学生当堂训练巩固。

教学课例1　维护受教育权利 履行受教育义务
（复习课）

【复习内容与学生分析】

1. 复习内容分析

本复习课作为思想品德中考一轮复习内容，是要引导学生加深对广东教育出版社思想品德课程有关公民受教育的权利和义务的巩固认知，增强学生在受教育方面的权利观念和意识，增强学生依法维护自己受教育权利的能力和自觉履行受教育的义务。

2. 学生分析

学生进入九年级，学习的紧迫感和责任感明显增强，对有关"维护受教育权利和履行受教育义务"的内容有所认知，但是，要让学生熟练掌握和灵活运用这一内容，还需要在老师的引导下，对课程相关内容进行梳理和整合。

【复习目标】

1. 情感、态度、价值观目标

学生通过复习，能从国家法律的角度对受教育有一个正确的认识，增强对社会的责任感，珍惜自己受教育机会，增强依法维护自己受教育权利的能力和履行受教育义务的自觉性。

2. 能力目标

增强在受教育方面的维权意识和能力，能较好地维护自己的受教育权；增强自觉履行受教育义务的观念，自觉地接受和完成九年义务教育，尝试根据受教育义务的具体内容，制订自己的中考复习规划。

3. 知识目标

了解公民受教育的权利和义务的法律规定，知道九年义务教育的具体内容。

【复习重点和难点】

1. 重点

受教育是学生的权利与义务。

2. 难点

珍惜受教育的机会。学会在分析题目的过程中巩固和运用知识。

【教法与学法】

1. 教法

案例分析法、试题讲解法。

2. 学法

自主学习法、练习法、热点分析法。

【复习准备】

1.学生

阅读与复习内容相关的八年级和九年级思想品德教材内容,并按考纲对教材内容进行整理。

2.教师

研读课程标准、考纲和教材,了解学生的学习基础,收集中考有关受教育的典型试题并进行归纳整理。

【复习过程】

播放视频,导入课程

(贫困地区的孩子刻苦学习视频)

请大家思考看了视频后你有何感受?

学生回答。

教师小结:一些贫困地区的孩子,虽然学习条件极其艰苦,但是仍然能够努力学习,珍惜受教育的机会,和这些孩子相比,我们能在优越的环境中学习,是幸运的,为了自己的发展,更为了国家的富强、社会的进步,我们一定要珍惜受教育的权利,履行受教育的义务,做个负责任的中学生。今天我们一起来复习《维护受教育权利 履行受教育义务》。

总结考纲,梳理知识

一、总结考纲中相关知识点

我们先来了解一下考纲要求我们掌握哪些与受教育有关的内容。

1.知道公民有受教育的权利和义务。(考试水平a)

2.运用法律维护自己受教育的权利,自觉履行受教育的义务。(考试水平c)

二、梳理相关知识点

这些知识点都出自八年级下册7.1的内容,为了便于同学掌握这些知识点,我们一起来完成以下问题以复习巩固考纲内容。

(一)填空题

1.所谓受教育权,是指公民有从国家接受_____的机会,以及获得受教育的_____的权利。

2.所谓义务教育,是依照法律规定,_____儿童和少年必须接受的,国家、_____、学校和家庭必须予以保证的国民教育。

3.义务教育具有_____、统一性和_____。公益性,即不收_____、杂费。公益性是与_____联系在一起的。

4.我国法律保护公民的_____。当我们的受教育权被他人剥夺或受到侵犯时,我们可以采用_____方式或诉讼方式予以维护。

5.我们一定要珍惜_____的机会,自觉履行受教育的_____,

为中华民族的腾飞而努力学习。

6.作为正在接受九年义务教育的学生,履行受教育的义务,应作到:_____ _____入学;接受_____的义务教育,不中途辍学;遵守_____和学校纪律,_____,努力完成规定的学习任务。

(二)问答题

1.什么是受教育权?

答案:受教育权是指公民有从国家接受文化教育的机会,以及获得受教育的物质帮助的权利。

2.为什么说受教育既是我们的权利又是我们的义务?

答案:就我们个人来说,只有受教育才能提高自己的科学文化素质,不断丰富和发展自己,才能使我们更有可能获得良好的就业机会,在为社会创造更多财富的同时,自己也能获得相应的报酬,从而更好地享受现代文明的成果。因此从公民自身发展来说,受教育是我国公民应该享有的一项基本权利。

从国家的角度讲,要实现现代化和推进民主化进程,提高公民的文化和科学素质是关键。这就要求每个公民都有责任通过接受教育,提高自己的思想水平、道德水平和文化水平,掌握当代先进的科学技术,力争为国家社会的进步多作贡献。所以,从国家的发展对公民的要求来讲,受教育是公民对国家应尽的一项基本义务。

(过渡)我们正在接受的是什么教育?九年义务教育,义务教育的含义是什么?

3.义务教育的含义和特征是什么?

答案:义务教育是国家统一实施的所有适龄儿童、少年必须接受的教育,是国家必须予以保障的公益性事业。

4.当我们的受教育权受到侵害时,我们如何维权?

提问:当我们的受教育权受到侵害时,我们如何维权呢?

出示漫画问:小军的父亲能要求儿子不上学吗?

学生:答

教师小结:因为受教育是我们的基本权利,家长有抚养教育未成年子女的义务,不能使在校接受义务教育的未成年人辍学,否则就是违法行为。我们如何帮助小军重回学校呢?请大家为小军出谋划策,请同学们小组讨论。

学生:答

教师小结。

生活中还有哪些侵犯未成年人受教育权利的行为?(有的学校随意开除学生,教育场地被非法占有,不法分子扰乱学校教学秩序、妨碍学生学习等。)

侵犯受教育权的情形有很多,总之,当我们遇到侵犯我们受教育权的行为时,要勇于、智于同违法行为作斗争,要学会用法律手段维护自己的受教育权。若漫画中的小军自己拒绝上学行吗?

学生:答

教师:受教育不仅是我们的权利,也是我们的义务,小军拒绝上学是不履行受教育义务的违法行为。请同学们反躬自省,你在履行受教育义务时作得怎样?

(1)列举校园里存在的一些没有履行受教育义务的不良现象。

(2)如何履行受教育的义务?

履行受教育的义务,必须作到:

第一,按时入学,自觉接受规定年限的义务教育,认真完成九年义务教育,不得中途辍学。

第二,自觉遵守国家法律和学校纪律,尊敬师长,努力完成规定的学习任务,争取做一名德、智、体、美全面发展的好学生。

(过渡)通过回顾知识,我们认识到受教育是我们的权利——要学会运用法律武器维护受教育权,受教育是我们的义务——要自觉履行受教育的义务。现在请同学们整理思绪,回忆在我们初中所学过的内容中还涉及哪些与学习有关的知识点?

学生回答。

教师总结:通过复习,我们比较详细地了解了与受教育相关的知识,那么,面对中考题,我们能自如解答吗?让我们一起走进中考,学习和提高自己的能力。

走进中考,模拟练习

1.(2012·广东)2012年3月5日,温家宝总理在十一届人大五次会议的《政府工作报告》中强调,要加大教育投入力度,确保实现国家财政性教育经费支出占国内生产总值4%的目标。上述目标要求表明:
①我国公民的受教育权利有了物质保障 ②国家把教育摆在优先发展的地位
③只要加大教育投入就能发展我国教育 ④科教兴国是我国一项重要的基本国策
　　A.①②　　　　B.②③　　　　C.①④　　　　D.③④

2.(2012·广东)八年级学生小刚是篮球迷。一天下午的上学路上,表哥拉他去看篮球比赛,小刚婉言谢绝,继续上学。

(1)小刚是在自觉履行_____义务。(受教育)

(2)小刚履行这一义务依据的法律是_____。(《中华人民共和国义务教育法》《中华人民共和国宪法》《中华人民共和国教育法》等)

以下是两道材料分析题,答题技巧:阅读材料弄清题意;扣紧设问,弄清设问要求我们从几方面答题;回答时要从材料中找出关键词,既要扣紧材料又要联系教材知识;答题时要层次清晰,分点答题。

3.(2012·兰州)判断与分析。

以下是同学在日常生活中的一些表现和存在的问题,请你运用所学习知识分析他们的表现,帮助他们解决存在的问题。

小荣同学经常上课不认真听讲,不能按时完成老师布置的作业。

答案:小荣的行为是不正确的,属于没有遵纪守法,没有自觉履行受教育的义务,对自己不负责任的表现。他应从思想和行为上培养遵守纪律的习惯,自觉履行受教育义务。

4.(2012·常州)【释疑解惑】

小明近日收到小猛的QQ来信,内容如下:进入本学期以来,我的每次考试成绩均不如同桌,经常受到他的冷嘲热讽,真想揍他一顿……可我想,我的文化基础实在差,不能跟他比,与其在学校受气,还不如外出打工。

请你判断小猛的想法是否合理并说明理由。

答案:不合理。同桌嘲讽固然是不尊重人的表现,但小猛想辍学打工,害怕竞争、躲避竞争,不履行受教育的义务,也是不正确的。如果揍同桌一顿,则会侵犯同桌的生命健康权,既是违法行为,也是不道德的。既不利于自己的成长进步,也不利于同学间的团结。

(过渡)了解了相关的中考题,我们还要关注热点问题、夯实基础知识、掌握答题技巧,进一步提高答题能力。

联系热点,提高能力。

解题思路建议:认真审题、弄清题意;扣紧设问,联系教材;要点清晰,层次分明。

党的十八大指出:教育是中华民族振兴和社会进步的基石。要坚持教育优先发展,全面贯彻党的教育方针,坚持教育为社会主义现代化服务、为人民服务,把立德树人作为教育的根本任务,培养德智体美全面发展的社会主义建设者和接班人。

(1)为了进一步保障公民的受教育权,近年来我国采取了哪些具体措施?

(2)你对我国的教育发展有哪些期盼?

(3)作为一名中学生,你将怎样回报党和政府对我们的殷切关怀?

学生:练习。

教师总结:通过复习,希望同学们不仅能熟练掌握和运用有关受教育的知识,轻松应对中考,而且在今后的学习中要能认识到学习的重要性,珍惜来之不易的受教育权利,自觉履行受教育的义务,做一名对自己、家庭、学习和社会负责任的中学生。

【学案评析】

本课例中,教师引导学生在自主学习的基础上,结合中考考纲要求,合理安排复习进程。教师在教学中,通过对受教育相关内容的梳理,充分发挥主导作用,引导学生把学、思、练有机结合,让学生在全面掌握基本内容的基础上,轻松应对中考复习。难能可贵的是,教师将自己备课中收集的各地相关的中考试题提供给学生进行课堂练习。先学后教的复习模式融教、学、考于一体,较好地促进了学生学习内容的巩固和应考能力的发展。在复习过程中,教师还结合党的十八大内容,引导学生将书本学习内容与时政热点学习有机整合,改变了传统的时事复习单一满堂灌的复习方式,不仅较好地提高了课堂复习效果,也有利于培养学生理论联系实际的综合分析、解决问题的能力。

本课例中,教师如果能结合学生对复习内容的掌握和巩固,引导他们自己编写练习测试题,同学自测、互测,那么对学生巩固运用知识、培养综合能力将会发挥更大作用。

(合肥师范学院　傅文茹)

教学课例2　初级阶段的基本国情和基本路线

(复习课)

【复习内容与学生分析】

1. 复习内容分析

本课时内容分三部分:一是要求学生知道当代中国最基本的国情,我国社会主义初级阶段的主要矛盾,以及解决主要矛盾的根本任务;二是要求学生了解社会主义初级阶段的基本路线及其核心内容;三是要求学生了解为什么说我国社会主义初级阶段至少需要一百年时间,理解基本国情、基本路线、主要矛盾、根本任务之间的关系,能运用实例说明改革开放对我国发展的重要影响。

2. 学生分析

通过学习,学生对本部分内容有了一定的基础,但是许多同学不能把不同年级所涉及的本部分内容连接起来,联系社会热点解答问题的能力也缺乏,需要结合考纲对本部分知识进行全面梳理,引导学生在感知中考试题过程中学会运用知识,解决实际问题。

【复习目标】

1. 情感、态度、价值观目标

能认清我国基本国情和党的基本路线的关系,增强爱党爱国的情感,树立发奋学习、努力报国的意识。

2.能力目标

学会梳理基础知识,提高解题能力。

3.知识目标

知道社会主义初级阶段的含义、时间,理解其原因;知道社会主义初级阶段的主要矛盾及解决主要矛盾的根本任务;知道基本路线的主要内容、核心内容;了解基本国情与基本路线的内在联系;能够运用政治、经济、文化等多方面的实例(巨大成就),说明改革开放的重要意义。

【复习重点和难点】

1.重点

理解我国将长期处于社会主义初级阶段;理解社会主义初级阶段基本路线的主要内容,懂得必须坚持党的基本路线不动摇;理解大力发展社会生产力的原因及途径。

2.难点

我国将长期处于社会主义初级阶段的原因;坚持党的基本路线不动摇的要求。

【教法与学法】

讲练结合、问题法、合作学习法。

【复习准备】

阅读考纲和教材,梳理基础知识。

【复习过程】

一、中考试题感知(多媒体展示)

1.当代中国最基本的国情是(　　)

A.人民素质还不够高

B.社会生产力水平还比较低

C.自然资源总量大、种类多

D.中国现在处于并将长期处于社会主义初级阶段

2.2012年2月4日,温家宝总理在广东考察时重提邓小平20年前南方谈话,"不改革开放只能是死路一条",并强调解决所有问题的关键依然是改革开放。之所以这样说,是因为(　　)

①改革开放是我国现阶段的中心工作

②改革完善和发展了社会主义制度,给我国社会注入生机和活力

③改革开放是发展中国特色社会主义、实现中华民族伟大复兴的必由之路

④改革开放能使我国迅速赶超发达国家

A.①②　　　B.②③　　　C.①④　　　D.②③④

3.根据经济社会发展水平,我国适时调整扶贫标准(如图)。依据最新标准,

到2011年底对应的扶贫对象约为1.28亿人。这表明（　　）

①我国仍处于社会主义初级阶段
②扶贫标准随经济增长逐步提高
③我国已进入中等发达国家行列
④党和国家重视解决民生问题

A.①②③　　　　　　B.①②④
C.①③④　　　　　　D.②③④

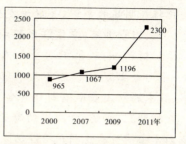

2000-2011年中国扶贫标准变化情况(单位:元)

4.2012年2月7日,经过我国政府和有关方面的不懈努力,中国水电集团在苏丹遭劫持的29名人员安全获救,这是继从动荡的利比亚以海陆空联动的方式火速撤出35860同胞、从日本福岛大地震及核电事故的重灾区撤回中国公民之后,祖国又一次坚决出手,成功解救海外遇险同胞。这表明（　　）

A.我国为维护世界和平作出了重大贡献

B.我国综合国力逐步增强

C.我国已经是发达国家

D.我国对世界经济产生了积极影响

二、知识梳理（多媒体展示以下内容）

考点24:理解我国将长期处于社会主义初级阶段（考试水平b）（涉及八年级下册第一单元和九年级全一册第二单元）

基本问题:

1.我国的基本国情是什么?社会主义初级阶段的起讫时间各是什么?

2.我国社会主义取得哪些成就?取得这些成就的原因有哪些?

3.为什么说我国处于并将长期处于社会主义初级阶段?

考点25:知道我国社会主义初级阶段基本路线的主要内容（考试水平a）（涉及八年级下册第一单元第一节）

基本问题:

1.制定党的基本路线的依据是什么?

2.党的基本路线及其核心内容各是什么?

考点26:运用实例说明改革开放的重要意义（考试水平c）（涉及八年级下册第三单元第二节）

基本问题:

1.揭开我国改革开放的序幕是什么?

2.你能说说改革开放的实质和取得的成就吗?（或:请你谈谈改革开放有什么重要意义?）

3.改革开放以来,中国发生了翻天覆地的变化,请举一我们家乡或我们身边变化特别明显的事例,并说说发生变化的原因。

三、当堂训练(学生联系热点,自主探究,形成书面答案)

1. **材料一**:从第五次全国人口普查统计数据来看,我国总人口数为12.95亿;平均每十万人中具有大学以上程度的为3611人;文盲率为6.72％。而美国、日本的粗文盲率不到0.5％;美国25岁以上接受大学教育的比例接近50％。

材料二:据统计,我国约有367万平方公里土地受到水土流失的威胁,40年来因水土流失减少耕地267万公顷。城市大气环境面临着煤烟污染和汽车尾气污染的双重压力,二氧化碳、烟尘排放量居世界前列。

材料三:当前我国农业生产基本上还是使用手工工具,每个劳动力年生产粮食1200～1300公斤,发达国家2万～10万公斤;工业总体管理水平和技术水平也不高,钢铁工人人均炼钢产量,我国为33吨,日本为4500吨;东西部地区经济发展水平也严重不平衡。

(1)以上材料分别反映了什么问题?这些问题集中反映了我国正处于哪一个社会历史阶段?

(2)以上述基本国情为依据,我党在基本路线中提出了怎样的奋斗目标?

(3)要实现上述目标,我国必须主要从哪三个方面进行建设?

(4)中学生作为祖国未来的建设者,针对材料你认为应作好哪些方面的准备?

2. 阅读材料,回答下列问题。

材料一:"去年全年,我市实现生产总值1585.2亿元,增长14.4％,按当年汇率计算,人均生产总值突破6000美元。完成财政总收入209.4亿元,其中地方财政收入105.2亿元,分别增长26.8％和29％……"

材料二:"今后要把利用外资和提升产业层次更好地结合起来,创新招商方式,更加重视专业化、多层次招商。着力引进重大项目、全新生态项目,更加注重引进先进技术、管理经验和高素质人才。重视引进内资,争取吸引更多的市外大企业、大集团落户我市。"

——摘自《××市2012年政府工作报告》

(1)材料一启示我们,该市各项事业发展的关键是什么?

(2)材料一和材料二分别指的是哪方面的工作?两者有怎样的联系?

四、课堂小结

小组合作绘制本节知识结构表。教师总结点评。

【学案评析】

"初级阶段的基本国情和基本路线"是中考复习中的重要内容,学生能牢固掌握这部分内容并灵活运用是复习中的关键,教师根据先学后教课堂教学模式的理念,将教学过程设计为"中考试题感知—知识梳理—当堂训练—教师点评结课",引导学生在感知中考试题的基础上,根据中考考纲考点要求,对本部分内容进行综合梳理,学生不仅掌握了考试要求,也清楚地理解了本部分所涉及的具体内容及相互关系。紧接着,教师让学生联系社会热点,综合运用本部分知识解答与中考水平相当的主观试题,训练学生的知识迁移能力和综合分析、解决问题的能力。在此基础上,教师引导学生绘制本节知识结构表,强化巩固本节内容。整个教学过程中,学生有学、有思、有练,学生的主体作用在教师的指导下得到较好的发挥,教学环节紧凑,复习目标顺利实现。

  本课例中,教师在引导学生复习、梳理基础知识的同时,如果能联系相关内容,让学生比较分析,如我国国情和社会主义初级阶段的关系、四项基本原则和改革开放的关系等,学生对学习内容的掌握会更加牢固。当堂训练阶段,教师最好教给学生一些答题技巧,同时训练的题型再丰富些,题量适当增加,这样,复习效果会更好。

(合肥师范学院　傅文茹)

三、思想品德活动课先学后教课堂教学模式典型课例研究

  活动课是思想品德新课程改革的亮点和突出特色,对落实思想品德课程理念,实现思想品德课程目标,促进学生良好的心理、道德、法纪和公民素质的培养有着重要意义。

  在思想品德新课程改革过程中,先学后教课堂教学模式在思想品德活动课中也得到了较好的尝试和运用,对提高活动课的教学效果发挥了积极作用。

  思想品德活动课主要有参观课、辩论课、演讲课、角色扮演课等类型,思想品德活动课运用先学后教课堂教学模式,不仅能较好地激发学生学习的积极性和主动性,而且能较好地提高活动课的教学成效。

  思想品德活动课先学后教课堂教学模式一般有以下教学程序:

(1)主持人(教师或学生)公布活动课的活动主题,出示活动要求和规则。

(2)学生按活动要求进行准备。

(3)学生展开活动并交流。

(4)教师总结,统一认识,将对学生进行正确的价值观引领和需要学生努力的方向有机结合,以达成活动课的教学目标。

  在思想品德活动课中运用先学后教课堂教学模式时,教师要注意以下问题:

(1)结合课程内容和学生兴趣点,选好活动主题,并进行充分准备。

(2)活动过程中,教师要摆正角色,突出学生是活动主体,注重学生的实践体

验和情感升华。

(3)教师要根据条件,不拘一格,灵活运用多种活动方式开设思想品德活动课。

(4)教师要作好活动的总结和评价,发挥客观公正的活动评价在学生发展中的促进作用。

教学课例1　学会承担责任,做负责的小公民
(活动课)

【活动内容与学生分析】

1.活动内容分析

本课是人民教育出版社《思想品德》九年级综合实践活动课的重要内容,活动过程中,将围绕活动主题,结合学生的成长体验和经历,分"责任意识的感知""责任意识的树立"和"责任意识的行动"三个阶段来进行教学。

2.学生分析

九年级的学生在七、八年级的学习过程中,基本学会了承担责任。但是,在一个人的成长过程中,他要学习的东西很多,需要承担的责任也很多,而承担责任则是实现人生价值的重要一步。无论是在学习上、家庭上,还是未来走向社会,都需要学生有积极的责任担当,通过活动课的方式,强化学生的责任意识,既有利于学生的健康成长,也有利于思想品德课程实效的提高。

【活动目标】

学生通过活动课的学习,进一步明确责任的含义,树立并增强责任意识;尊重和敬爱那些对自己、对社会负责的人;敢于并善于对自己的行为负责。学生通过活动,树立胸怀天下、关爱社会的责任意识,努力做一个负责任的好公民。

【活动重点和难点】

1.重点

信守承诺,勇担过错。

2.难点

自觉承担责任。

【活动方法】

问卷调查法、情感激励法、讨论法和角色扮演法。

【活动准备】

1.学生

(1)列举在初中阶段已经学会承担哪些责任,还有哪些责任还没有主动、自觉地承担。

(2)多角度地回忆和思考自己在不同角色中承担责任的情况,写出自己的感受和体会,享受承担责任的快乐。

(3)结合时事学习,搜集并整理心目中勇于承担责任的典型人物以及相关背景材料。

2.教师

了解学生的责任感状况,对学生承担责任的良好表现和不良现象做到心中有数。

【活动过程】

一、问卷调查,感知责任意识

调查问卷

> 1.什么是责任?你是如何理解责任的含义的?(可以通过具体事例作解释说明。)
> 2.你从什么时候开始,认识到要对自己的行为负责?
> 3.随着年龄的增长,你是否感到自己的责任也在逐渐增大呢?
> 4.你在家里常做的事有哪些?这些事情中哪些是应该做的,哪些是不应该做的?爸爸妈妈是否满意你的做法?他们怎么评价你?
> 5.你在学校里所做的事情中哪些是应该做的,哪些是不应该做的?老师和同学怎么评价你?你自己怎么评价自己?

通过问卷调查,结合课堂教学与学生的成长体验,学生对责任的含义有了更深刻的认识与理解。明确责任就是一个人应当做和不应当做的事情。

二、观看视频,树立责任意识

学生观看四川汶川地震和甘肃舟曲泥石流救灾视屏,小组讨论。

(1)救灾过程中哪些人承担了责任?

(2)他们可不可以不去做?做与不做会产生什么后果?

(3)如果你身处其中,你会怎样做?

学生讨论、交流。

角色	责任
领导	组织、指挥抢险救灾
消防队员	灭火、消毒
部队战士	寻找被捆的人并实施救援工作
医生	尽力抢救、治病救人
民政部门及工作人员	组织、募捐和运送物资
学生	捐献零花钱、献爱心

教师总结：

1. 社会生活中人们都被赋予责任，应当承担相应的责任，人们因不同的社会身份而负有不同的责任。

2. 只有人人都认识到自己扮演的角色，尽到自己的责任，才能共同建设和谐美好的社会，共享美好的幸福生活。

3. 承担责任不分性别年龄，中学生不仅可以承担相应的责任，也应当承担相应的责任。

学生分角色表演情景剧"小含的困惑"（九年级人民教育出版社《思想品德》课本第8页）

谁负有责任	责任是什么	应当向谁负责	责任的来源是什么	如果你是组长，会怎么做？为什么？（重点讨论）
小含（同学甲）	按时完成作业，及时交作业	自己、学校	法律、承诺、任务	如实告诉老师，认真履行组长的责任，对同学、对老师负责。否则就要承担不负责任的相应后果；要及时纠正自己的过失，不要将责任推给他人，不然可能会付出更大的代价。
组长（同学乙）	及时收作业	自己、同学（小含）、老师	承诺、任务	
老师（同学丙）	教书育人、关心学生的成长	自己、学生、学校、社会	法律、道德原则、分配的任务	
小含的父母（同学丁等）	教育子女，督促孩子努力学习	小含、自己、国家	法律、承诺、任务	

4. 对自己负责，对他人负责，对社会负责，关爱他人与集体，奉献社会。

观看中国青年志愿者活动的相关视频并分组谈感受，自己提出问题、解决问题，教师引导，给学生思维活动空间，培养学生观察社会、发现社会问题、初步解决社会问题的能力，激励学生积极融入社会。

学生了解中国青年志愿者行动及其誓词。

中国青年志愿者行动：在农村扶贫开发、城市社区建设、环境保护、大型活动、抢险救灾、公益活动等领域形成了一批重点服务项目，如青年志愿者社区发展计划、青年志愿者扶贫接力计划、大中专学生志愿者暑期文化科技卫生"三下乡"活动、"保护母亲河"中国青年志愿者绿色行动营计划、中学生成人预备期志愿服务等。

誓词：我愿意成为一名光荣的志愿者。我承诺：尽己所能，不计报酬，帮助他人,服务社会;践行志愿精神,传播先进文化,为建设团结互助、平等友爱、共同前进的美好社会贡献力量。

三、反思行为,践行承担责任

学生同位结对,在各自反思自己行为的基础上,制订自己的责任计划,并相互监督记录每星期同学承担责任的情况,坚持一个月,然后班级进行总结评比和推广。

1.反思自己在家庭、学校和社会中的责任行为。

2.请同学和老师指出自己的不负责行为,努力改正。

3.结合实际拟订自己的责任计划,努力做负责任的人。

教师检查总结学生的反思和计划行动,概括本次活动课的主要内容,寄语同学们:从现在做起,从小事做起,从身边的事做起,积极承担责任,努力做一个敢于担责和乐观向上的人!

最后,学生欣赏张颐武教授关于《中国梦与青少年责任》的演讲词,在同学集体吟唱《男儿当自强》歌声中结束本次活动课。

【学案评析】

树立责任意识,积极承担责任,是青少年成长中的关键问题。教师结合教学和学生的成长特点,设计和实施思想品德活动课,教师从学生的生活实际入手,引导学生通过调查、合作、反思等特色活动对自己成长中的责任担当情况进行总结和思考,同时结合社会典型事件对学生进行教育,让学生在活动中学习、在活动中思考、在活动中升华责任意识,教师引导学生结对制订责任计划并相互监督计划执行情况,通过可行的措施促进学生践行责任,不仅较好地实现了教学目标,还把先学后教的教学理念贯彻到思想品德活动课中。

本课例中,教师如果能结合学生的学习、生活搜集相关典型事例,引发学生思考做负责任的学习者,激发学生主动、快乐、高效地学习,既能够关照学生成长中的疑难问题,又能够较好地解决学生成长中突出的"厌学"问题,为良好学风的形成发挥积极作用。同时,教师还应该关注学生在承担责任过程中出现的过错,要留有一定的时间引发学生思考,可以通过角色扮演活动,让学生在扮演中体验和感悟:成长中不仅要积极快乐地承担责任,还要正确有效地承担责任,如"搀扶老人""救落水儿童""给同学解答疑难"等问题,都需要给学生以正确的引导,为学生的健康发展打好基础。

教学课例2　模拟法庭　了解法庭程序
（活动课）

【活动内容与学生分析】

1. 活动内容分析

本活动课作为《思想品德》八年级下册综合实践活动课的内容,对学生了解法律庭审的基本程序和更多的法律常识,增强学生的法律意识,提高学生依法维权意识和能力,都具有十分重要的作用。不仅如此,学生还能在活动中提高和发展自己的综合素养,有利于提高思想品德课的教学实效。

2. 学生分析

八年级学生相对于七年级学生成熟许多,但是八年级学生又具有情绪情感偏激、盲目追求自由平等、叛逆、易激动暴躁的特点,同时,他们喜欢主动尝试、追求独立,对新鲜事物保持浓厚的兴趣。八年级学生是初中生活中学生分化最明显的群体,这是学校和家庭教育都要关注的关键群体,需要家长和老师高度重视。思想品德课教师可以通过模拟法庭等活动课形式,让学生在尝试扮演、同学互助合作中加强自教自育能力,帮助学生树立正确的世界观、人生观和价值观,促进学生健康快乐地成长。

【活动目标】

1. 情感、态度、价值观目标

学生通过活动感受犯罪给国家和人民财产造成的破坏,体验犯罪要受到刑法处罚,增强自觉学法、守法、用法、护法、依法维权的意识,努力提高自己的法律素养。

2. 能力目标

学生通过活动能查阅有关法律知识,了解相关法律文书。提高比较和分辨能力,准确界定是与非、法与非法,学会依法维权。

3. 知识目标

了解庭审的基本程序和更多的法律常识。

【活动重点和难点】

1. 重点

领会模拟法庭的精神实质,正确对待社会生活中的合作与竞争。

2. 难点

扮演好模拟法庭中的角色,养成团结合作、乐于助人的品质。

【活动方法】

情境教学法、探究法。

【活动准备】

1.选取庭审案件

初一学生王亮在上学途中被无业青年张华强行索要30元钱,张华恐吓王亮如告诉老师和家长,将再次拦截他要钱。王亮找表哥王东为其出头,教训张华。王东伙同李立国在路上截住张华,李立国持刀威胁张华,二人从其身上搜出110元钱。张华反抗并想逃跑,李立国刺中张华腰部,二人逃离现场。

2.学生分组收集相应资料

学生自愿分三个组:第一组审判组(审判长、陪审员、书记员、法警):主要负责送达法律文书、熟悉诉讼程序、编写庭审提纲、制作判决书。第二组公诉组(公诉人、证人、附带民事诉讼代理人):主要负责撰写起诉书、公诉词,模拟收集相关证据,并查阅法律法规和文献资料。第三组辩护组(辩护人、被告):主要负责撰写辩护词,模拟收集相关证据,并查阅相关的法律法规。

3.确定模拟法庭组成人员

这是一起刑事案件,需要审判长1人、人民陪审员2人、公诉人2人、刑事附带民事诉讼代理人1人、辩护人1人、证人1人、法警2人。"被告"在征得家长同意的情况下,由一名品学兼优的学生担任。

4.教师课前发放学案

学案内容包括:①介绍庭审程序,庭审一般包括以下几个程序:审判长宣布开庭并传唤当事人到庭;法庭调查;法庭辩论;休庭,合议庭合议;判决。②案件经过。③布置思考题:如果你是王亮,应如何依法维权?如果你是王东,应如何帮助王亮?如果你是李立国,应如何抵制不良诱惑?假如你是法官,应如何判决?④公布评价方案。

表1 评价方案(满分30分,每项按5、3、2分三个等级打分)

项目 (分数)	活动态度 端正认真 (5分)	庭审程序 合法规范 (5分)	法律运用 准确透彻 (5分)	语言表达 流畅严密 (5分)	争议焦点 准确清晰 (5分)	裁判结果 圆满充分 (5分)
自评						
生评						
师评						

5.聘请专家指导

聘请人民法院刑事审判庭的庭长对学生排练进行指导。

6.学生分组研究案情；收集、查找、整理需要的资料。将案件排成小品。

【活动过程】

一、小品演示，导入活动

为了创设情境，为活动开展作好铺垫，学生演示根据案件编排的小品，导入活动。教师提醒学生注意小品中人物的言行等细节，对旁听模拟法庭的学生进行案例分析，为学生理解庭审过程中的法庭调查和法庭辩论提供帮助。

二、角色担当，模拟法庭

投影展示国徽，显示威严，代表正义与公平。投影呈现作案工具、法医鉴定、医药费单据等图片，使得模拟法庭丰富而生动。

学生身穿审判长和法警的工作服，进入庄严的法庭。学生正襟危坐，依法辩论，据理力争，纷纷展示自己的才华。

三、休庭讨论，师生互动

教师设计休庭讨论，激励学生参与活动而不只是旁观者。学生分组讨论分析案件中当事人的错误做法。大家集思广益，总结路遇抢劫时自我保护、依法维权的方法。

四、庭后采访，强化责任

为总结提升本次活动课的效果，模拟法庭结束后，教师即以"记者"身份对扮演审判长、公诉人、辩护人、被告等主要角色的同学进行"采访"，请他们谈谈对角色的感悟。

"审判长"认为："审判长看起来很威风，但是肩上的责任重大，是审判的核心。不仅要有精深的专业知识，而且要有大公无私的精神和宽广的胸怀。"

"公诉人"从专业角度阐述了公诉人的职责："公诉人是国家法律的化身，要遵循以事实为依据，以法律为准绳的原则，绝不能冤枉一个好人，也不能放过一个坏人。"

"被告"真情告白说道："今天站在被告席上，我受益匪浅，我在想幸亏我不是真的被告，刚才法庭上出示的一个个证据令我很惊讶，真没想到这种行为会给他人、社会带来这么大危害，同时也给自己和家人带来痛苦。作为中学生，我奉劝同学们做事要三思而后行，千万不能因一时冲动做蠢事，否则，真地站在被告席上就悔之晚矣。"

……

教师根据活动过程和采访适时总结，发挥主导作用："他们从不同角度维护法律的尊严，促进法律的正确实施。法律是公正的，当法庭庄严的帷幕拉开的时候，法律将给每个人以最公正的审判。它在维护人们权利的同时，也对违法犯罪进行惩戒,给在座的每个人敲响了警钟。"引领学生敬畏法律,增强法律意识,自觉学法、守法,依法维权。

【学案评析】

　　这一模拟法庭活动课例,不仅较好地落实了思想品德新课程鼓励学生积极实践的课程理念,而且极大地调动了学生参与教学、提升教学的热情。学生不仅经历了"先学后教"的学习过程,而且经历了"先学后练""先练后演""先演后悟""先悟后动"的全面成长过程。本次活动中,无论是模拟法庭中各种角色栩栩如生的扮演,还是法庭辩论中同学们的智慧激辩,还是活动开展前的辛劳准备、活动开展后的议论回味,都给学生留下难忘的记忆。真正作到了让学生在活动中体验,在活动中感悟,在活动中升华,学生的所学所思所悟所获远远超出了简单的课堂讲授。

　　在本次模拟法庭活动中,教师的人格魅力、学科素养和综合能力得到了充分彰显,无论是活动前的策划和准备,还是与法院等相关人员的沟通和联系,还是活动过程中的参与、指导和引领,都对学生们产生了深远影响,师生关系从此更加和谐融洽,学生对课程和老师的尊重、亲近之情油然而生,思想品德学科教学的魅力也在不经意间流露和展现。本次思想品德活动课教学突破了传统的重讲轻做的定势思维,在让学生在活动的模拟演练中实现了知、信、行的有机统一,扩大了思想品德课的价值引领功能,也丰富了先学后教课堂教学模式的实际操作范式,促进教师要勇于革新,创新教学模式,让学生真正受益。

　　本活动课例设计如果再丰满些,其教学改革示范作用会得到更好的发挥。

(合肥师范学院　傅文茹)

教学课例3　宪法是国家的根本法

(活动课)

【活动内容与学生分析】

1. 活动内容分析

　　本课是广东教育出版社《思想品德》八年级下册第五单元第三节内容。宪法是国家的根本法,既是第五单元教学的重点,也是教学的难点,学生只有理解宪法所规定的内容,才能真正树立宪法至上的观念,才能严格遵守宪法,勇于维护宪法的尊严。本课采取活动课教学的方式,可以避免宪法理论性较强、理解较困难的状况,有利于激发学生学习宪法的兴趣,把握宪法的特性,深入理解宪法的权威性。

2. 学生分析

　　八年级学生的身心发展可塑性较大,易对新奇、活泼的东西感兴趣,而对于理论性很强的宪法知识的学习往往兴趣不大,甚至认为宪法高高在上,离他们很远等。帮助学生正确认识和学习宪法,有利于引导学生更好地关心国家大事,参与国家管理,依法行使政治权利。

【活动目标】

1.情感、态度、价值观目标

学生通过活动感受宪法的严肃性与权威性,增强法律观念,提高宪法意识,树立依法治国首先是依宪治国,依法治国的核心是依宪治国,增强宪法至上的观念。

2.能力目标

学会维护宪法尊严,自觉同违反宪法的行为作斗争。

3.知识目标

了解我国宪法关于国家根本制度和根本任务的规定,准确认识宪法是国家的根本法,知道我国现行宪法是1982年宪法。

【活动重点和难点】

宪法是我国的根本法。

【活动方法】

角色扮演法、探究法、比较法。

【活动准备】

1.学生

查找并阅读《中华人民共和国宪法》;选出四位"新闻发言人"。

2.教师

编制"导学案";制作活动课件。

【活动过程】

一、吟唱国歌,导入活动

活动在庄严的国歌声中开始,师生共同吟唱国歌,进入活动。

教师:1.请同学们说出我国国歌、国旗、首都分别是什么?

2.我国国歌、国旗、首都是哪部法律明确规定的?

3.谈谈你对宪法的认识?

学生回答。教师出示活动主题:宪法保障公民权利。(宪法是国家的根本法)(板书)

二、合作探究,角色扮演

(一)学生自学阅读,完成导学案

学生自主学习老师发的《中华人民共和国宪法》(节选)和课本21页的法律导航内容,尝试完成"导学案",作好"答记者问"活动的准备。

(二)学生合作,扮演"答记者问"

1. 观看视频

学生观看多媒体播放的李克强总理答记者"我们将忠诚于宪法,忠实于人民"的视频,感受总理"答记者问"的魅力。

2. 角色扮演

学生演示"答记者问",在活动中感知和理解宪法权威。

四位"新闻发言人"面向同学,所有同学以记者身份进行有关宪法问题的提问,发言人一一给予回答。

教师注意观察"答记者问"活动中学生的表现和出现的问题,并在活动结束时进行总结和点评。

三、时事链接,归纳提升

1. 教师提问:我国国家标志等重大问题均在宪法中出现,说明了宪法规定的都是些什么问题?(宪法规定国家生活中的根本问题)(板书)

2. 多媒体呈现几部基本法律条文的"第一条"内容,每一条里面均有"根据宪法制定本法"的内容。

> 《中华人民共和国义务教育法》:第一条　为了发展基础教育,促进社会主义物质文明和精神文明建设,根据宪法和我国实际情况,制定本法。
>
> 《中华人民共和国刑法》:第一条　为了处罚犯罪,保护人民,根据宪法,结合我国同犯罪作斗争的经验及实际情况,制定本法。
>
> 《中华人民共和国体育法》:第一条　为了发展体育事业,增强人民体质,提高体育运动水平,促进社会主义物质文明和精神文明建设,根据宪法,制定本法。

提问:上述不同法律的"一致表述"说明了什么问题?(普通法律法规的制定必须以宪法为基础和依据。)

3. 多媒体呈现孙志刚墓志铭全文。

> 一个公民,就因为没有暂住证,被收容,被遣送,被毒打,被剥夺生命,而后真相被曝光,凶手被审判,恶法被废止。这就是孙志刚收容案。
>
> 2003年12月18日,孙志刚的葬礼在他的家乡湖北省黄冈市陶店乡幸福村举行。冬天无名的花瓣洒落在孙志刚的墓碑上。
>
> 他以青春镌刻自己的墓志,以生命呼唤中国的法治。
>
> 孙志刚墓志铭全文:
>
> 逝者已逝,众恶徒已正法,然天下居庙堂者与处江湖者,当以此为鉴,牢记生命之重,人权之重,民生之重,法治之重,毋使天下善良百姓,徒为鱼肉;

> 人之死,有轻于鸿毛者,亦有重于泰山者,志刚君生前亦有大志,不想竟以生命之代价,换取恶法之终结,其死虽难言为舍生取义,然于国于民于法,均可比重于泰山。
> 一九七六年七月二十九日:出生于湖北黄冈;
> 二零零一年:武汉科技学院染美本科毕业;
> 二零零三年二月:就职于广州,任美术平面设计师;
> 同年三月十七日:因无暂住证被非法收容;
> 同年三月二十日:死亡,终年二十七岁;
> 同年四月十八日:经法医鉴定其系遭毒打致死;
> 同年四月二十五日:《南方都市报》发表《被收容者孙志刚之死》;
> 同年四至六月:孙志刚的悲剧引起全国各地乃至海外各界人士的强烈反响,通过互联网及报刊杂志等媒体,民众呼吁严惩凶手要求违宪审查;
> 同年六月五日:广州当地法院开庭审理孙志刚案;
> 同年六月二十日:《城市生活无着的流浪乞讨人员救助管理办法》公布;
> 同年八月一日:一九八二年《城市流浪乞讨人员收容遣送办法》废止。
> 以生命为代价推动中国法治进程,值得纪念的人——孙志刚。

提问:《城市流浪乞讨人员收容遣送办法》被废止,说明了什么?

(普通法律法规的制定,其内容不能与宪法相违背、相抵触,否则,将被视为违宪而宣布无效。)

教师归纳:宪法具有最高的法律效力(板书)(具体表现在两个方面)

(1)普通法律法规的制定必须以宪法为基础和依据。

(2)普通法律不能和宪法相违背、相抵触,否则将被视为违宪而宣布无效。

学生对比宪法与普通法律在提出修改和通过修改条件方面的不同,从而得出:宪法的制定、修改程序比普通法律更为严格。(板书)

四、活动总结,教师寄语

(一)活动总结

学生谈本节活动课的收获,师生一起回顾本课内容,并绘制知识结构图。

宪法是国家的根本法 { 1.宪法规定国家生活的根本问题 2.宪法具有最高的法律效力 3.宪法的制定、修改程序更为严格

(二)教师寄语

我们学法、懂法,目的是为了更好地遵守法律,依法办事,依法维权。学习完本课知识,希望同学们能够树立宪法意识,维护宪法权威,做一个坚定的宪法守卫者。

【学案评析】

"宪法是国家的根本法"是思想品德课中法律部分学习的重点和难点,对学生学习法律知识具有至关重要的作用,而这部分内容对学生来说,理论性较强,学习起来相对枯燥。为激发学生的学习兴趣和增强学习效果,教师采用活动课的形式,让学生先学后教,其中穿插学生合作扮演、热点分析等活动,引导学生在学、做、析中理解宪法的特性以及宪法和其他法律的关系,学生学起来津津有味,教学事半功倍。

本活动课例中,教师在关注和重视落实学生主体地位的同时,充分发挥其主导作用,无论是活动课开始时的师生共同吟唱国歌,还是过程中对学生扮演"答记者问"的组织,以及结束时师生一起回顾学习内容和教师对学生的寄语,教师都给学生作出了较好的示范和榜样,有利于师生关系的亲近和融洽,有利于提高思想品德课的教学实效。

本课例将先学后教理念融入活动中,给思想品德课教师教学改革提供了较好的参考和借鉴,但是,在思想品德活动课中如何让学生细致掌握所学内容,尚须思考和探究。

(合肥师范学院 傅文茹)

参考文献

[1] 华中师范学院教育科学研究所.陶行知全集[M].长沙:湖南教育出版社,1985.

[2] 丁证霖等译.当代西方教学模式.太原:山西教育出版社,1991.

[3] 钟启泉等主编.美国教学论流派.西安:陕西人民教育出版社,1996.

[4] 阎立钦.语文教育学引论[M].北京:高等教育出版社,1996.

[5] 吕世虎.初中数学新课程教学设计与特色案例评析[M].北京:首都师范大学出版社,2003.

[6] 广东省教育厅教研室编.初中新课程思想品德优秀教学设计与案例.广州:广东高等教育出版社,2005.

[7] 冯根水编著.初中思想品德新课程教学法.长春:东北师范大学出版社,2005.

[8] [美]玛丽·艾丽斯·冈特著.尹艳秋等译.教学模式.南京:江苏教育出版社,2006.

[9] 涂荣豹,王光明,宁连华.新编数学教学论[M].上海:华东师范大学出版社,2006.

[10] 谢树平,李宏亮,胡文瑞.新编思想政治(品德)教学论.上海:华东师范大学出版社,2006.

[11] 王荣生.语文教学内容重构[M].上海:上海教育出版社,2007.

[12] 叶澜.教育学原理[M].北京:人民教育出版社,2007.

[13] 董晨主编.新课程有效教学疑难问题操作性解读·初中思想品德.北京:教育科学出版社,2007.

[14] 胡田庚主编.新理念思想政治(品德)教学技能训练.北京:北京大学出版社,2009.

[15] 崔允漷.有效教学[M].上海:华东师范大学出版社,2009.

[16] 蔡林森.教学革命:蔡林森与先学后教[M].北京:首都师范大学出版社,2010.

[17] 马复,王富英,谭竹.数学学案及其设计[M].北京:科学出版社,2011.

[18] 孙玉生.走进杜郎口生命课堂.北京:中国林业出版社,2011.

[19] 中华人民共和国教育部制定.义务教育思想品德课程标准(2011年

版).北京:北京师范大学出版社,2012.

[20]卢春樱主编.思想政治(品德)学科教师教学技能训练.北京:航空工业出版社,2012.

[21]任志鸿主编.初中优秀教案·思想品德(人教版).海口:南方出版社,2012.

[22]肖川主编.义务教育思想品德课程标准(2011年版)解读.武汉:湖北教育出版社,2012.

[23]胡田庚主编.中学思想政治教学设计与案例研究.北京:科学出版社,2012.

[24]吴熙龙主编.初中思想品德教学活动设计案例精选.北京:北京大学出版社,2012.

[25]周彬.课堂密码[M].上海:华东师范大学出版社,2012.

[26]杨启亮.以自主学习为根本的教学改革——评洋思初级中学"先学后教 当堂训练"的课堂教学模式[J].江苏教育,2001,(Z1).

[27]蔡林森.先学后教 当堂训练——课堂教学结构改革的实验与研究[J].江苏教育,2001,(Z1).

[28]蔡林森.在应用上大做文章——我校教科研的实践与体会.教育发展研究,2004,(01).

[29]华国栋,高宝立.实施优质教育,促进全体学生全面发展——江苏省泰兴市洋思中学的经验及启示[J].教育研究,2005,(06).

[30]张国成,林新堤.中学课堂教学减负增效的策略[J].中国教育学刊,2006,(04).

[31]潘永庆.构建自主—互助学习型课堂的实践研究.教育研究,2006,(12).

[32]裴亚男.学案教学模式研究综述[J].内蒙古师范大学学报(教育科学版),2007,(04).

[33]余文森.论有效教学的三条"铁律".中国教育学刊,2008,(11).

[34]刘金玉."先学后教,当堂训练":破解五大难题——江苏洋思中学课堂教学策略剖析.中小学管理,2009,(05).

[35]张大生.学导式教学法简介[J].中国教育学刊,2009,(08).

[36]吴殿更.新课程背景下学案导学教学模式研究[J].当代教育科学,2009,(18).

[37]余丽红.深化课堂教学改革 创新人才培养模式——全国课堂教学模式创新研讨会暨《中国教育学刊》2010年度工作会议综述.中国教育学刊,2010,(11).

[38] 陈雪蛟.高中数学教学中学案导学的构建和运用[J].教学与管理,2011,(02).

[39] 洪明,余文森."先学后教"教学模式的理念与实施条件——基于杜郎口中学、洋思中学和东庐中学教学改革的思考.中国教育学刊,2011,(03).

[40] 刘次林.以学定教的实质.教育发展研究,2011,(04)

[41] 杨辉岭."以生为本,先学后教,以学定教"——让初中语文课堂学习更高效[J].现代阅读,2012,(05).

[42] 刘金玉.语文学科教学更应该实施"先学后教"[J].上海教育科研,2012,(11).

[43] 韩立福."先教后学"、"先学后教"和"先学后导"的教学思维探析[J].教育理论与实践,2012,(35).